CB128334

PRÁTICA TRABALHISTA

www.editorasaraiva.com.br/direito
Visite nossa página

Sergio Pinto Martins

PRÁTICA TRABALHISTA

7ª edição
2017

saraiva jur

ISBN 978-85-472-1731-0

DADOS INTERNACIONAIS DE CATALOGAÇÃO NA PUBLICAÇÃO (CIP)
ANGÉLICA ILACQUA CRB-8/7057

Martins, Sergio Pinto

Prática trabalhista / Sergio Pinto Martins. – 7. ed. – São Paulo : Saraiva, 2017.

1. Direito do trabalho – Brasil 2. Justiça do trabalho I. Título.

17-0949 CDU 349.2(81)

Índice para catálogo sistemático:

1. Direito do trabalho – Brasil 349.2(81)

SOMOS EDUCAÇÃO | saraiva jur

Av. das Nações Unidas, 7.221, 1º andar, Setor B
Pinheiros – São Paulo – SP – CEP 05425-902

SAC | 0800-0117875
De 2ª a 6ª, das 8h às 18h
www.editorasaraiva.com.br/contato

Presidente Eduardo Mufarej
Vice-presidente Claudio Lensing
Diretora editorial Flávia Alves Bravin

Conselho editorial
Presidente Carlos Ragazzo
Consultor acadêmico Murilo Angeli Dias dos Santos

Gerência
Planejamento e novos projetos Renata Pascual Müller
Concursos Roberto Navarro
Legislação e doutrina Thaís de Camargo Rodrigues

Edição Daniel Pavani Naveira

Produção editorial Ana Cristina Garcia (coord.)
Luciana Cordeiro Shirakawa
Rosana Peroni Fazolari

Arte e digital Mônica Landi (coord.)
Claudirene de Moura Santos Silva
Guilherme H. M. Salvador
Tiago Dela Rosa
Verônica Pivisan Reis

Planejamento e processos Clarissa Boraschi Maria (coord.)
Juliana Bojczuk Fermino
Kelli Priscila Pinto
Marília Cordeiro
Fernando Penteado
Tatiana dos Santos Romão

Novos projetos Laura Paraíso Buldrini Filogônio

Diagramação e revisão Know-How Editorial

Comunicação e MKT Elaine Cristina da Silva
Capa Casa de Ideias / Daniel Rampazzo
Produção gráfica Marli Rampim
Impressão e acabamento

Data de fechamento da edição: 30-8-2017

Dúvidas? Acesse www.editorasaraiva.com.br/direito

Nenhuma parte desta publicação poderá ser reproduzida por qualquer meio ou forma sem a prévia autorização da Editora Saraiva. A violação dos direitos autorais é crime estabelecido na Lei n. 9.610/98 e punido pelo art. 184 do Código Penal.

CL 603236 CAE 621426

TRABALHOS DO AUTOR

LIVROS

1. *Imposto sobre serviços – ISS*. São Paulo: Atlas, 1992.
2. *Direito da seguridade social*. 36. ed. São Paulo: Saraiva, 2016.
3. *Direito do trabalho*. 33. ed. São Paulo: Saraiva, 2017.
4. *A terceirização e o direito do trabalho*. 12. ed. São Paulo: Atlas, 2013.
5. *Manual do ISS*. 10. ed. São Paulo: Saraiva, 2017.
6. *Participação dos empregados nos lucros das empresas*. 4. ed. São Paulo: Atlas, 2015.
7. *Práticas discriminatórias contra a mulher e outros estudos*. São Paulo: LTr, 1996.
8. *Contribuição confederativa*. São Paulo: LTr, 1996.
9. *Medidas cautelares*. São Paulo: Malheiros, 1996.
10. *Manual do trabalho doméstico*. 13. ed. São Paulo: Atlas, 2015.
11. *Tutela antecipada e tutela específica no processo do trabalho*. 3. ed. São Paulo: Atlas, 2002.
12. *Manual do FGTS*. 5. ed. São Paulo: Saraiva, 2017.
13. *Comentários à CLT*. 21. ed. São Paulo: Saraiva, 2017.
14. *Manual de direito do trabalho*. 10. ed. São Paulo: Saraiva, 2017.
15. *Direito processual do trabalho*. 39. ed. Saraiva, 2017.
16. *Contribuições sindicais*. 5. ed. São Paulo: Atlas, 2010.
17. *Contrato de trabalho de prazo determinado e banco de horas*. 4. ed. São Paulo: Atlas, 2002.
18. *Estudos de direito*. São Paulo: LTr, 1998.
19. *Legislação previdenciária*. 22. ed. São Paulo: Saraiva, 2016.
20. *Síntese de direito do trabalho*. Curitiba: JM, 1999.
21. *Continuidade de contrato de trabalho*. São Paulo: Atlas, 2000.
22. *Flexibilização das condições de trabalho*. 5. ed. São Paulo: Atlas, 2015.
23. *Legislação sindical*. São Paulo: Atlas, 2000.
24. *Col. Fundamentos: direito processual do trabalho*. 20. ed. São Paulo: Saraiva, 2017.
25. *Comissões de conciliação prévia*. 3. ed. São Paulo: Atlas, 2008.
26. *Instituições de direito público e privado*. 16. ed. São Paulo: Saraiva, 2016.
27. *Col. Fundamentos: direito do trabalho*. 18. ed. São Paulo: Saraiva, 2017.
28. *Fundamentos de direito da seguridade social*. 17. ed. São Paulo: Atlas, 2015.
29. *Greve do servidor público*. 2. ed. São Paulo: Saraiva, 2017.
30. *O pluralismo do direito do trabalho*. São Paulo: Atlas, 2001.
31. *Execução da contribuição previdenciária na justiça do trabalho*. 4. ed. São Paulo: Atlas, 2013.
32. *Manual de direito tributário*. 15. ed. São Paulo: Saraiva, 2016.
33. *Cooperativas de trabalho*. 5. ed. São Paulo: Atlas, 2014.
34. *CLT universitária*. 22. ed. São Paulo: Saraiva, 2017.
35. *Reforma previdenciária*. 2. ed. São Paulo: Atlas, 2006.
36. *Manual da justa causa*. 6. ed. São Paulo: Saraiva, 2017.
37. *Comentários às Súmulas do TST*. 17. ed. São Paulo: Saraiva, 2016.
38. *Constituição – CLT – Legislação previdenciária e legislação complementar*. 3. ed. São Paulo: Atlas, 2012.
39. *Dano moral decorrente do contrato de trabalho*. 3. ed. São Paulo: Atlas, 2012.
40. *Profissões regulamentadas*. 2. ed. São Paulo: Atlas, 2013.
41. *Direitos fundamentais trabalhistas*. 2. ed. São Paulo: Atlas, 2015.
42. *Convenções da OIT*. 3. ed. São Paulo: Saraiva, 2016.
43. *Estágio e relação de emprego*. 4. ed. São Paulo: Atlas, 2015.
44. *Comentários às Orientações Jurisprudenciais da SBDI-1 e 2 do TST*. 8. ed. São Paulo: Saraiva, 2016.
45. *Direitos trabalhistas do atleta profissional de futebol*. 2. ed. São Paulo: Saraiva, 2016.
46. *Prática trabalhista*. 7. ed. São Paulo: Saraiva, 2017.
47. *Assédio moral no emprego*. 5. ed. São Paulo: Saraiva, 2017.
48. Comentários à Lei nº 8.212/91. *Custeio*. São Paulo: Atlas, 2013.
49. Comentário à Lei nº 8.213/91. *Benefícios da Previdência Social*. São Paulo: Atlas, 2013.
50. *Prática previdenciária*. 2 ed. São Paulo: Saraiva, 2016.
51. *Teoria geral do processo*. 2. ed. São Paulo: Saraiva, 2017.
52. *Teoria geral do Estado*. São Paulo: Saraiva, 2017.

ARTIGOS

1. A dupla ilegalidade do IPVA. *Folha de S. Paulo*, São Paulo, 12 mar. 1990. Caderno C, p. 3.
2. Descumprimento da convenção coletiva de trabalho. *LTr*, São Paulo, nº 54-7/854, jul. 1990.
3. Franchising ou contrato de trabalho? *Repertório IOB de Jurisprudência*, nº 9, texto 2/4990, p. 161, 1991.
4. A multa do FGTS e o levantamento dos depósitos para aquisição de moradia. *Orientador Trabalhista – Suplemento de Jurisprudência e Pareceres*, nº 7, p. 265, jul. 1991.
5. O precatório e o pagamento da dívida trabalhista da fazenda pública. *Jornal do II Congresso de Direito Processual do Trabalho*, jul. 1991, p. 42. (Promovido pela LTr Editora.)
6. As férias indenizadas e o terço constitucional. *Orientador Trabalhista Mapa Fiscal – Suplemento de Jurisprudência e Pareceres*, nº 8, p. 314, ago. 1991.
7. O guarda de rua contratado por moradores. Há relação de emprego? *Folha Metropolitana*, Guarulhos, 12 set. 1991, p. 3.
8. O trabalhador temporário e os direitos sociais. *Informativo Dinâmico IOB*, nº 76, p. 1164, set. 1991.
9. O serviço prestado após as cinco horas em sequência ao horário noturno. *Orientador Trabalhista Mapa Fiscal – Suplemento de Jurisprudência e Pareceres*, nº 10, p. 414, out. 1991.
10. Incorporação das cláusulas normativas nos contratos individuais do trabalho. *Jornal do VI Congresso Brasileiro de Direito Coletivo do Trabalho e V Seminário sobre Direito Constitucional do Trabalho*, nov. 1991, p. 43. (Promovido pela LTr Editora.)
11. Adicional de periculosidade no setor de energia elétrica: algumas considerações. *Orientador Trabalhista Mapa Fiscal – Suplemento de Jurisprudência e Pareceres*, nº 12, p. 544, dez. 1991.
12. Salário-maternidade da empregada doméstica. *Folha Metropolitana*, Guarulhos, 2-3 fev. 1992, p. 7.
13. Multa pelo atraso no pagamento de verbas rescisórias. *Repertório IOB de Jurisprudência*, nº 1, texto 2/5839, p. 19, 1992.
14. Base de cálculo dos adicionais. *Orientador Trabalhista Mapa Fiscal – Suplemento de Legislação, Jurisprudência e Doutrina*, nº 2, p. 130, fev. 1992.
15. Base de cálculo do adicional de insalubridade. *Orientador Trabalhista Mapa Fiscal – Suplemento de Legislação, Jurisprudência e Doutrina*, nº 4, p. 230, abr. 1992.
16. Limitação da multa prevista em norma coletiva. *Repertório IOB de Jurisprudência*, nº 10, texto 2/6320, p. 192, 1992.
17. Estabilidade provisória e aviso prévio. *Orientador Trabalhista Mapa Fiscal – Suplemento de Legislação, Jurisprudência e Doutrina*, nº 5, p. 279, maio 1992.
18. Contribuição confederativa. *Orientador Trabalhista Mapa Fiscal – Suplemento de Legislação, Jurisprudência e Doutrina*, nº 6, p. 320, jun. 1992.
19. O problema da aplicação da norma coletiva de categoria diferenciada à empresa que dela não participou. *Orientador Trabalhista Mapa Fiscal – Suplemento de Legislação, Jurisprudência e Doutrina*, nº 7, p. 395, jul. 1992.
20. Intervenção de terceiros no processo de trabalho: cabimento. *Jornal do IV Congresso Brasileiro de Direito Processual do Trabalho*, jul. 1992, p. 4. (Promovido pela LTr Editora.)
21. Relação de emprego: dono de obra e prestador de serviços. *Folha Metropolitana*, Guarulhos, 21 jul. 1992, p. 5.
22. Estabilidade provisória do cipeiro. *Orientador Trabalhista Mapa Fiscal – Suplemento de Legislação, Jurisprudência e Doutrina*, nº 8, p. 438, ago. 1992.
23. O ISS e a autonomia municipal. *Suplemento Tributário LTr*, nº 54, p. 337, 1992.
24. Valor da causa no processo do trabalho. *Suplemento Trabalhista LTr*, nº 94, p. 601, 1992.
25. Estabilidade provisória do dirigente sindical. *Orientador Trabalhista Mapa Fiscal – Suplemento de Legislação, Jurisprudência e Doutrina*, nº 9, p. 479, set. 1992.
26. Estabilidade no emprego do aidético. *Folha Metropolitana*, Guarulhos, 20-21 set. 1992, p. 16.
27. Remuneração do engenheiro. *Orientador Trabalhista Mapa Fiscal – Suplemento de Legislação, Jurisprudência e Doutrina*, nº 10, p. 524, out. 1992.
28. Estabilidade do acidentado. *Repertório IOB de Jurisprudência*, nº 22, texto 2/6933, p. 416, 1992.
29. A terceirização e suas implicações no direito do trabalho. *Orientador Trabalhista Mapa Fiscal – Legislação, Jurisprudência e Doutrina*, nº 11, p. 583, nov. 1992.
30. Contribuição assistencial. *Jornal do VII Congresso Brasileiro de Direito Coletivo do Trabalho e VI Seminário sobre Direito Constitucional do Trabalho*, nov. 1992, p. 5.

31. Descontos do salário do empregado. *Orientador Trabalhista Mapa Fiscal – Suplemento de Legislação, Jurisprudência e Doutrina*, nº 12, p. 646, dez. 1992.
32. Transferência de empregados. *Orientador Trabalhista Mapa Fiscal – Suplemento de Legislação, Jurisprudência e Doutrina*, nº 1, p. 57, jan. 1993.
33. A greve e o pagamento dos dias parados. *Orientador Trabalhista Mapa Fiscal – Suplemento de Legislação, Jurisprudência e Doutrina*, nº 2, p. 138, fev. 1993.
34. Auxílio-doença. *Folha Metropolitana*, Guarulhos, 30 jan. 1993, p. 5.
35. Salário-família. *Folha Metropolitana*, Guarulhos, 16 fev. 1993, p. 5.
36. Depósito recursal. *Repertório IOB de Jurisprudência*, nº 4, texto 2/7239, p. 74, fev. 1993.
37. Terceirização. *Jornal Magistratura & Trabalho*. nº 5, p. 12, jan. e fev. 1993.
38. Auxílio-natalidade. *Folha Metropolitana*, Guarulhos, 9 mar. 1993, p. 4.
39. A diarista pode ser considerada empregada doméstica? *Orientador Trabalhista Mapa Fiscal – Suplemento Trabalhista Mapa Fiscal – Suplemento de Legislação, Jurisprudência e Doutrina*, nº 3/93, p. 207.
40. Renda mensal vitalícia. *Folha Metropolitana*, Guarulhos, 17 mar. 1993, p. 6.
41. Aposentadoria espontânea com a continuidade do aposentado na empresa. *Jornal do Primeiro Congresso Brasileiro de Direito Individual do Trabalho*, 29 e 30 mar. 1993, p. 46-47. (Promovido pela LTr Editora.)
42. Relação de emprego e atividades ilícitas. *Orientador Trabalhista Mapa Fiscal – Suplemento de Legislação, Jurisprudência e Doutrina*, nº 5/93, p. 345.
43. Conflito entre norma coletiva do trabalho e legislação salarial superveniente. *Revista do Advogado*, nº 39, p. 69, maio 1993.
44. Condição jurídica do diretor de sociedade em face do direito do trabalho. *Orientador Trabalhista Mapa Fiscal – Suplemento de Legislação, Jurisprudência e Doutrina*, nº 6/93, p. 394.
45. Equiparação salarial. *Orientador Trabalhista Mapa Fiscal – Suplemento de Legislação, Jurisprudência e Doutrina*, nº 7/93, p. 467.
46. Dissídios coletivos de funcionários públicos. *Jornal do 5º Congresso Brasileiro de Direito Processual do Trabalho*, jul. 1993, p. 15. (Promovido pela LTr Editora.)
47. Contrato coletivo de trabalho. *Orientador Trabalhista Mapa Fiscal – Suplemento de Legislação, Jurisprudência e Doutrina*, nº 8/93, p. 536.
48. Reintegração no emprego do empregado aidético. *Suplemento Trabalhista LTr*, nº 102/93, p. 641.
49. Incidência da contribuição previdenciária nos pagamentos feitos na Justiça do Trabalho. *Orientador Trabalhista Mapa Fiscal – Suplemento de Legislação, Jurisprudência e Doutrina*, nº 9/93, p. 611.
50. Contrato de trabalho por obra certa. *Orientador Trabalhista Mapa Fiscal – Suplemento de Legislação, Jurisprudência e Doutrina*, nº 10/93, p. 674.
51. Autoaplicabilidade das novas prestações previdenciárias da Constituição. *Revista de Previdência Social*, nº 154, p. 697, set. 1993.
52. Substituição processual e o Enunciado 310 do TST. *Orientador Trabalhista Mapa Fiscal – Suplemento de Legislação, Jurisprudência e Doutrina*, nº 11/93, p. 719.
53. Litigância de má-fé no processo do trabalho. *Repertório IOB de Jurisprudência*, nº 22/93, texto 2/8207, p. 398.
54. Constituição e custeio do sistema confederativo. *Jornal do 8º Congresso Brasileiro de Direito Coletivo do Trabalho e 7º Seminário sobre Direito Constitucional do Trabalho*, nov. 1993, p. 68. (Promovido pela LTr Editora.)
55. Participação nos lucros. *Orientador Trabalhista Mapa Fiscal – Suplemento de Legislação, Jurisprudência e Doutrina*, nº 12/93, p. 778.
56. Auxílio-funeral. *Folha Metropolitana*, Guarulhos, 22-12-1993, p. 5.
57. Regulamento de empresa. *Orientador Trabalhista Mapa Fiscal – Suplemento de Legislação, Jurisprudência e Doutrina*, nº 1/94, p. 93.
58. Aviso prévio. *Orientador Trabalhista Mapa Fiscal – Suplemento de Legislação, Jurisprudência e Doutrina*, nº 2/94, p. 170.
59. Compensação de horários. *Orientador Trabalhista Mapa Fiscal – Suplemento de Legislação, Jurisprudência e Doutrina*, nº 3/94, p. 237.
60. Controle externo do Judiciário. *Folha Metropolitana*, Guarulhos, 10-3-1994, p. 2; *Folha da Tarde*, São Paulo, 26-3-1994, p. A2.
61. Aposentadoria dos juízes. *Folha Metropolitana*, Guarulhos, 11-3-1994, p. 2; *Folha da Tarde*, São Paulo, 23-3-1994, p. A2.
62. Base de cálculo da multa de 40% do FGTS. *Jornal do Segundo Congresso Brasileiro de Direito Individual do Trabalho*, promovido pela LTr, 21 a 23-3-1994, p. 52.
63. Denunciação da lide no processo do trabalho. *Repertório IOB de Jurisprudência*, nº 7/94, abril de 1994, p. 117, texto 2/8702.
64. A quitação trabalhista e o Enunciado nº 330 do TST. *Orientador Trabalhista Mapa Fiscal – Suplemento de Legislação, Jurisprudência e Doutrina*, nº 4/94, p. 294.
65. A indenização de despedida prevista na Medida Provisória nº 457/94. *Repertório IOB de Jurisprudência*, nº 9/94, p. 149, texto 2/8817.
66. A terceirização e o Enunciado nº 331 do TST. *Orientador Trabalhista Mapa Fiscal – Suplemento de Legislação, Jurisprudência e Doutrina*, nº 5/94, p. 353.
67. Superveniência de acordo ou convenção coletiva após sentença normativa – prevalência. *Orientador Trabalhista Mapa Fiscal – Suplemento de Legislação, Jurisprudência e Doutrina*, nº 6/94, p. 386.
68. Licença-maternidade da mãe adotiva. *Orientador Trabalhista Mapa Fiscal – Suplemento de Legislação, Jurisprudência e Doutrina*, nº 7/94, p. 419.
69. Medida cautelar satisfativa. *Jornal do 6º Congresso Brasileiro de Direito Processual do Trabalho*, promovido pela LTr nos dias 25 a 27-7-1994, p. 58.
70. Estabelecimento prestador do ISS. *Suplemento Tributário LTr*, nº 35/94, p. 221.
71. Turnos ininterruptos de revezamento. *Orientador Trabalhista Mapa Fiscal – Suplemento de Legislação, Jurisprudência e Doutrina*, nº 8/94, p. 468.
72. Considerações em torno do novo Estatuto da OAB. *Repertório IOB de Jurisprudência*, nº 17/94, set. 1994, p. 291, texto 2/9269.
73. Diárias e ajudas de custo. *Orientador Trabalhista Mapa Fiscal – Suplemento de Legislação, Jurisprudência e Doutrina*, nº 9/94, p. 519.
74. Reajustes salariais, direito adquirido e irredutibilidade salarial. *Orientador Trabalhista Mapa Fiscal – Suplemento de Legislação, Jurisprudência e Doutrina*, nº 10/94, p. 586.
75. Os serviços de processamento de dados e o Enunciado nº 239 do TST. *Orientador Trabalhista Mapa Fiscal – Suplemento de Legislação, Jurisprudência e Doutrina*, nº 11/94, p. 653.
76. Desnecessidade de depósito administrativo e judicial para discutir o crédito da seguridade social. *Orientador Trabalhista Mapa Fiscal – Suplemento de Legislação, Jurisprudência e Doutrina*, nº 12/94, p. 700.
77. Número máximo de dirigentes sindicais beneficiados com estabilidade. *Repertório IOB de Jurisprudência*, nº 24/94, dez. 1994, p. 408, texto 2/9636.
78. Participação nos lucros e incidência da contribuição previdenciária. *Revista de Previdência Social*, nº 168, nov. 1994, p. 853.
79. Proteção do trabalho da criança e do adolescente – considerações gerais. *BTC – Boletim Tributário Contábil – Trabalho e Previdência*, dez. 1994, nº 51, p. 625.
80. Critérios de não discriminação no trabalho. *Orientador Trabalhista Mapa Fiscal – Suplemento de Legislação, Jurisprudência e Doutrina*, nº 1/95, p. 103.
81. Embargos de declaração no processo do trabalho e a Lei nº 8.950/94 que altera o CPC. *Repertório IOB de Jurisprudência*, nº 3/95, fev. 1995, texto 2/9775, p. 41.
82. Empregado doméstico – Questões polêmicas. *Orientador Trabalhista Mapa Fiscal – Suplemento de Legislação, Jurisprudência e Doutrina*, nº 2/95, p. 152.
83. Não concessão de intervalo para refeição e pagamento de hora extra. *Orientador Trabalhista Mapa Fiscal – Suplemento de Legislação, Jurisprudência e Doutrina*, nº 3/95, p. 199.
84. Lei altera artigo da CLT e faz prover conflitos. *Revista Literária de Direito*, mar./abr. 1995, p. 13.
85. Empregados não sujeitos ao regime de duração do trabalho e o artigo 62 da CLT. *Orientador Trabalhista Mapa Fiscal – Suplemento de Legislação, Jurisprudência e Doutrina*, nº 4/95, p. 240.
86. A Justiça do Trabalho não pode ser competente para resolver questões entre sindicato de empregados e empregador. *Revista Literária de Direito*, maio/jun. 1995, p. 10.
87. Minutos que antecedem e sucedem a jornada de trabalho. *Orientador Trabalhista Mapa Fiscal – Suplemento de Legislação, Jurisprudência e Doutrina*, nº 5/95, p. 297.
88. Práticas discriminatórias contra a mulher e a Lei nº 9.029/95. *Repertório IOB de Jurisprudência*, nº 11/95, jun. 1995, p. 149, texto 2/10157.
89. Conflito entre a nova legislação salarial e a norma coletiva anterior. *Orientador Trabalhista Mapa Fiscal – Suplemento de Legislação, Jurisprudência e Doutrina*, nº 6/95, p. 362.
90. Imunidade tributária. *Suplemento Tributário LTr*, 34/95, p. 241.
91. Cogestão. *Revista do Tribunal Regional do Trabalho da 8ª Região*, v. 28, nº 54, jan./jun. 1995, p. 101.
92. Licença-paternidade. *Orientador Trabalhista Mapa Fiscal – Suplemento de Legislação, Jurisprudência e Doutrina*, nº 7/95, p. 409.
93. Embargos de declaração. *Jornal do 7º Congresso Brasileiro de Direito Processual do Trabalho*, São Paulo, Ed. LTr, 24 a 26 jul. 1995, p. 54.
94. Reforma da Constituição e direitos previdenciários. *Jornal do 8º Congresso Brasileiro de Previdência Social*, nº 179, out. 1995, p. 723.
95. Ação declaratória incidental e coisa julgada no processo do trabalho. *Suplemento Trabalhista LTr* 099/95, p. 665 e *Revista do TRT da 8ª Região*, Belém, v. 28, nº 55, jul./dez. 1995, p. 39.

SUMÁRIO

NOTA DO AUTOR

Certos alunos nas aulas não entendem o processo do trabalho, pois não veem os autos do processo e não sabem a sequência dos atos processuais.

Outros alunos vêm de outras áreas, diversas das do Direito, e têm maior dificuldade em entender o raciocínio ou a lógica do processo, justamente porque não viram um processo.

Por isso fiz este livro, para que possa ajudar a completar a parte teórica da matéria Direito Processual do Trabalho, explicada na sala de aula. Em alguns cursos de Direito há a matéria Prática de Direito do Trabalho ou Laboratório Jurídico sobre o tema, em que são feitas as peças ou a parte prática da matéria.

Foi feita a exposição de uma parte básica da teoria sobre a peça e depois são apresentadas cada uma das peças do processo. As peças servem de base para outras mais bem elaboradas.

A exposição foi feita de preferência como se fosse o andamento do processo, como, por exemplo, da petição inicial, da audiência, da contestação, da sentença etc., contendo os modelos de cada peça processual.

Esta obra não dispensa a leitura de cursos ou compêndios de Direito Processual do Trabalho, pois contém uma explanação geral sintética sobre cada tema.

Capítulo 1

QUESTÕES ANTERIORES À PROPOSITURA DA AÇÃO

Prevê o art. 133 da Constituição que o advogado é indispensável à administração da Justiça, sendo inviolável por seus atos e manifestações no exercício da profissão, nos limites da lei.

Os arts. 791 e 839 da CLT mostram que as partes podem postular em juízo sem o patrocínio de advogado. É o chamado *ius postulandi*. O STF entende que os referidos artigos não foram revogados pelo art. 133 da Constituição.

O *jus postulandi* das partes, estabelecido no art. 791 da CLT, limita-se às Varas do Trabalho e aos Tribunais Regionais do Trabalho, não alcançando a ação rescisória, a ação cautelar, o mandado de segurança e os recursos de competência do Tribunal Superior do Trabalho (Súmula 425 do TST).

Nas ações em que não se discute a relação de emprego, as partes devem estar representadas por advogado.

O advogado, porém, é o técnico. Ele é que conhece os meandros do processo.

Os estagiários de advocacia, desde que regularmente inscritos, podem praticar atos em conjunto com o advogado e sob a responsabilidade deste na forma do Regulamento Geral (§ 2º do art. 3º da Lei n. 8.906/94).

O cliente deverá apresentar os fatos ao advogado, que é considerado o primeiro juiz da causa. Deverá apresentar também os documentos que tem relativos ao contrato de trabalho, como recibos de pagamento e outros, para que possam instruir a petição inicial. Deverá ainda o cliente fornecer cópia dos seus documentos de identidade, como RG, CPF ou CTPS, para que também sejam anexados com a inicial.

Para que o advogado possa atuar em juízo é necessário que o cliente lhe outorgue procuração para esse fim.

Modelo de procuração

PROCURAÇÃO "AD JUDICIA"

Rubens Martins, brasileiro, casado, industriário, titular do RG n., inscrito no CPF/MF sob n., titular da CTPS n., Série, residente e domiciliado na Rua São Paulo, SP, CEP, nomeia(m) e constitui(m) seu(s) bastante(s) procurador(es) o(s) advogado(s), brasileiro, solteiro, inscrito na OAB/SP sob n. e no CPF/MF sob n., com escritório na Rua Maracanã, SP, CEP, a quem confere(m) amplos poderes para o foro em geral, com a cláusula "ad judicia", em qualquer juízo, instância ou tribunal, podendo propor contra quem de direito as ações competentes e defendê-lo(a) nas contrárias, seguindo umas e outras até final decisão, usando os recursos legais e acompanhando-os, conferindo-lhes, ainda, poderes especiais para confessar, desistir, transigir, firmar compromissos ou acordos, receber e dar quitação, agindo em conjunto ou separadamente, podendo, ainda, substabelecer esta em outrem, com ou sem reservas de iguais poderes, dando tudo por bom, firme e valioso e, em especial, para promover ação trabalhista contra ____ perante uma das Varas do Trabalho de ____.

São Paulo, ____ de ____ de ____

Rubens Martins

Modelo de substabelecimento

Clarice Pinto, brasileira, casada, advogada, inscrita na OAB/SP sob n., substabelece sem reserva os poderes a mim outorgados a João Ubaldo, brasileiro, casado, advogado inscrito na OAB/SP sob n., com escritório na Rua das Flores, n. 15, telefone, por DTVM, nos autos do processo n., em trâmite perante a ____ Vara do Trabalho de Santos, que move contra ____.

SP, ____

Advogado ____

OAB n. ____

Modelo de declaração de pobreza

Eu, Juca de Melo, brasileiro, casado, comerciário, titular do RG n. e do CPF, residente e domiciliado na Rua ____, declaro, sob as penas da lei, que não tenho recursos financeiros que me permitam demandar em juízo sem prejuízo do meu sustento e de minha família.

SP, ____

Juca de Melo

HONORÁRIOS

No Direito Romano, as partes compareciam nos tribunais sem a assistência de advogados. O advogado fazia a assistência nos processos em que eram chamados de forma gratuita ou em troca de favores políticos. O vencedor de uma demanda judicial prestava honrarias a seu advogado, daí advindo o termo *honorarius*.

Honorário tem o significado de prêmio ou estipêndio dado ou pago em retribuição a certos serviços profissionais.

O fundamento dos honorários é o fato objetivo de alguém ter sido derrotado. Assim, aquele que ganhou a demanda não pode ter uma diminuição patrimonial em razão de ter ingressado em juízo. Os honorários de advogado decorrem, portanto, da sucumbência.

A parte vencedora tem direito à reparação integral dos danos causados pela parte vencida, sem qualquer diminuição patrimonial.

Os honorários seriam devidos em razão das despesas da parte em contratar o advogado.

O trabalho do advogado não é, de modo geral, gratuito.

A indenização deve ser completa, pelo fato de que a verba devida não foi paga na época própria. Não se pode premiar o próprio infrator.

O não recebimento dos honorários causa prejuízo ao autor.

Honorários sucumbenciais decorrem do fato de perder a postulação no processo, da sucumbência. Quem perde paga os honorários. Decorrem os honorários sucumbenciais da regra do § 2º do art. 82 do CPC.

Honorários contratuais são os contratados entre a parte e o advogado para lhe prestar serviços. São os previstos no contrato.

Honorários estabelecidos por arbitramento são os fixados pelo juiz num processo de cobrança de honorários, em razão de o advogado ter defendido o cliente num processo criminal, em que a Defensoria Pública não prestou assistência judiciária ao réu. Tanto pode ser em razão de convênio firmado com a OAB como em razão de o juiz criminal ter nomeado o advogado para defender o réu no processo penal.

Podem os honorários de advogado ser classificados como despesas processuais voluntárias, visto que a parte pode exercer pessoalmente o *ius postulandi* na Justiça do Trabalho, não sendo obrigatória a participação do causídico.

Prevê o § 4º do art. 22 da Lei n. 8.906/94 que, se o advogado fizer juntar aos autos o seu contrato de honorários antes de expedir-se o mandado de levantamento ou precatório, o juiz deve determinar que lhe sejam pagos diretamente, por dedução da quantia a ser recebida pelo constituinte, salvo se este provar que já os pagou.

Os honorários pertencem ao advogado (art. 23 da Lei n. 8.906/94). Não são do cliente. Têm natureza de remuneração pelos serviços prestados, e não de indenização.

É preciso também que o advogado faça contrato de prestação de serviços com o cliente, principalmente para se saber os honorários contratuais ajustados e até para cobrá-los em juízo, caso o cliente não pague.

Ao advogado, ainda que atue em causa própria, serão devidos honorários de sucumbência, fixados entre o mínimo de 5% e o máximo de 15% sobre o valor que resultar da liquidação da sentença, do proveito econômico obtido ou, não sendo possível mensurá-lo, sobre o valor atualizado da causa (art. 791-A da CLT).

Os honorários são devidos também nas ações contra a Fazenda Pública e nas ações em que a parte estiver assistida ou substituída pelo sindicato de sua categoria.

Ao fixar os honorários, o juízo observará:

I – o grau de zelo do profissional;

II – o lugar de prestação do serviço;

III – a natureza e a importância da causa;

IV – o trabalho realizado pelo advogado e o tempo exigido para o seu serviço.

Na hipótese de acolhimento parcial do pedido, o juízo arbitrará honorários de sucumbência recíproca, vedada a compensação entre os honorários.

Vencido o beneficiário da justiça gratuita, desde que não tenha obtido em juízo, ainda que em outro processo, créditos capazes de suportar a despesa, as obrigações decorrentes de sua sucumbência ficarão sob condição suspensiva de exigibilidade e somente poderão ser executadas se, nos dois anos subsequentes ao trânsito em julgado da decisão que as certificou, o credor demonstrar que deixou de existir a situação de insuficiência de recursos que justificou a concessão de gratuidade, extinguindo-se, passado esse prazo, tais obrigações do beneficiário.

São devidos honorários de sucumbência na reconvenção.

Modelo de contrato de prestação de serviços

CONTRATO DE PRESTAÇÃO DE SERVIÇOS

Por este instrumento e na melhor forma de direito, ____, nacionalidade ____, estado civil ____, profissão ____, titular do RG ____, CTPS ____, série ____, inscrito no CPF/MF sob n. ____, residente e domiciliado(a) na Rua ____, n. ____, complemento ____, cidade ____, UF ____, CEP ____, doravante denominado simplesmente, **CONTRATANTE** e, de outro lado, ____, nacionalidade ____, estado civil ____, advogado, inscrito na OAB/____ sob n. ____ e no CPF/MF sob n. ____, com escritório na Rua ____, complemento ____, cidade ____, UF ____, CEP ____, doravante denominado, simplesmente, **CONTRATADO**, têm, entre si, ajustado o quanto segue:

1. O CONTRATADO promoverá, em favor do CONTRATANTE, ação trabalhista contra ____, objetivando o recebimento de horas extras, verbas rescisórias, indenização por dano moral, dentro dos limites da procuração outorgada.

2. O CONTRATANTE pagará ao CONTRATADO, a título de honorários, a importância equivalente a 30% (trinta por cento) sobre o valor efetivamente alcançado quando da liquidação da ação, ou seja, ao seu término e desde que tenha havido proveito econômico ao CONTRATANTE, em virtude da demanda proposta.

Serão devidos, ainda, a título de "pro labore", reembolso de despesas e custas processuais, a importância de R$ ____ (____), a ser paga com a outorga da procuração.

Em caso de êxito na ação, será descontado do valor efetivamente recebido ou creditado em favor do CONTRATANTE a importância fixada na letra "a" acima.

3. Fica convencionado que os honorários previstos no *caput* da cláusula anterior serão pagos em uma única parcela, quando do recebimento dos valores alcançados como resultado da ação proposta.

4. A prestação de serviços de advogado é atividade-meio e não de resultado. O CONTRATADO fica obrigado a desempenhar suas funções, respeitando os princípios éticos e profissionais, bem como as disposições constitucionais e legais vigentes.

5. Todas as despesas e custas processuais correm por conta do CONTRATANTE, sejam elas para obtenção de cópias, certidões, interposição de recursos e demais despesas processuais. Na hipótese de o CONTRATADO pagar as custas processuais, elas deverão ser reembolsadas pelo CONTRATANTE ou descontadas do valor que ganhar no processo.

Por assim estarem as partes ajustadas, firmam o presente instrumento, em duas vias de igual teor, para que produza todos os seus jurídicos efeitos.

Local: ____

Data: ____ de ____ de ____

______________________________	______________________________
CONTRATANTE	CONTRATADO

Testemunhas:

1. ________________________

2. ________________________

Modelo de renúncia

Eu, MVP, advogado inscrito na OAB/SP sob n., notifico V. Sa., Raimundo Nonato, que estou renunciando expressamente aos poderes que me foram outorgados, nos autos da ação trabalhista movida por ____, em trâmite perante a Vara do Trabalho de São Paulo, processo n. ____.

Informa, ainda, que permanecerei acompanhando o feito por 10 dias, para que V. Sa. possa nomear outro procurador e seja evitado qualquer prejuízo processual.

SP, ____

Advogado ____

Capítulo 2

PETIÇÃO INICIAL

Ação é o meio processual pelo qual o autor provoca a tutela do Estado para lhe conceder o que pede, em razão da pretensão resistida da parte contrária.

No processo do trabalho, a CLT chama a ação trabalhista de reclamação trabalhista. Isso se deve ao fato de que anteriormente a Justiça do Trabalho pertencia ao Poder Executivo, daí se falar em reclamação.

A petição inicial deve ser bem redigida para que a parte contrária a entenda e também o juiz.

Se verbal, a reclamação será reduzida a termo, em duas vias datadas e assinadas pelo escrivão ou secretário, observado, no que couber, o disposto no § 1º do art. 840 da CLT.

O § 1º do art. 840 da CLT dispõe que a petição inicial deverá conter: a designação do juízo ao qual é dirigida, qualificação das partes, breve exposição dos fatos de que resulte o dissídio, o pedido, que deverá ser certo, determinado e com indicação de seu valor, a data e a assinatura do reclamante ou de seu advogado.

Deve a petição inicial ser dirigida ao juiz do trabalho da Vara do Trabalho ou ao juiz de Direito da Vara Cível da localidade onde será apresentada.

O empregado deve ser qualificado, indicando nacionalidade, estado civil, profissão. Alguns tribunais trabalhistas exigem também nome da mãe, data de nascimento e número do PIS. O objetivo é evitar homônimos, apesar de não haver previsão nesse sentido na CLT.

O empregador, se pessoa física, também deve ser qualificado. Se o empregador for pessoa jurídica, deverá ser indicado o seu nome completo, seu endereço. O empregado poderá indicar também o número do CNPJ, se tiver, pois poderá ajudar a encontrar o empregador. Também se costuma indicar o CEP, pois facilita à Secretaria da Vara fazer a citação.

Por "breve exposição dos fatos" deve-se entender a causa de pedir do processo. Essa "breve exposição dos fatos" deve conter: data da admissão e dispensa, motivo da dispensa, último salário, horário de trabalho, dias trabalhados, intervalo (se houver pedido de horas extras).

O pedido é o resumo daquilo que se postula.

O valor da causa é necessário, não só para efeito do cálculo das custas, mas principalmente para se saber qual é o rito que será observado: ordinário (acima de 40 salários mínimos) ou sumaríssimo (até 40 salários mínimos).

Na petição inicial de horas extras deve haver a indicação do período trabalhado, qual era o horário de trabalho, quais os dias trabalhados na semana e se havia ou não intervalo. Deve ficar claro também se o empregado pretende horas extras além da oitava diária ou de 44 horas semanais.

Os pedidos que não atendam ao disposto no § 1º deste artigo serão julgados extintos sem resolução do mérito (§ 3º do art. 840 da CLT).

Modelo de petição inicial de horas extras

EXMO. SR. DR. JUIZ DA __ VARA DO TRABALHO DE SÃO PAULO

TPM, brasileiro, casado, enrolador, titular da CTPS n. 4000, série 123, residente e domiciliado na Rua das Orquídeas, 19, Centro, São Paulo, titular do RG n. e do CPF n., por seu advogado que esta subscreve (doc. 1), vem, mui respeitosamente, à presença de V. Exa. propor ação trabalhista contra INDUSTRIAL M. LTDA., com sede na Rua do Oratório, n. 12, Mooca, São Paulo, CEP 02132-060, inscrita no CNPJ sob n., de acordo com as razões a seguir aduzidas.

O autor foi admitido em 1º-1-2000 e dispensado sem justa causa em 18-2-2012. Seu último salário mensal era de R$ 1.000,00. Optou pelo FGTS na admissão.

Trabalhava das 8 às 18 horas, de segunda a sexta-feira, com intervalo de uma hora.

Entende ter direito a uma hora extra diária com adicional de 50%, e reflexos nos 13ºs salários (Súmula 45 do TST), DSR's (Súmula 172 do TST), férias (§ 5º do art. 142 da CLT), aviso prévio (§ 5º do art. 487 da CLT) e FGTS (Súmula 63 do TST) mais 40%.

Pede:

a) uma hora extra diária com adicional de 50% - R$ 8.181,81;

b) reflexos das horas extras em DSR's, aviso prévio, férias, 13º salário - R$ 1.636,36;

c) incidência de FGTS mais 40% sobre a e b - R$ 1.099,63

(cálculo:

item a - R$ 1.000,00: 220 × 50% × 1 h/dia × cinco dias × 4 semanas × 12 meses × 5 anos

item b - 20% de a

item c - 11,2% s/ a + b).

Requer a citação da reclamada para contestar a presente postulação, se o desejar, sob pena de revelia e confissão quanto a matéria de fato, que a final deverá ser acolhida, condenando o empregador na forma do pedido, acrescido de juros e correção monetária.

Protesta provar o alegado por todos os meios de prova em direito admitidos, sem exclusão de nenhum, especialmente pelo depoimento pessoal do réu, sob pena de confissão (Súmula 74 do TST), oitiva de testemunhas, perícias, juntada de documentos e demais provas que se fizerem necessárias.

Dá à causa o valor de R$ 13.000,00.

P. deferimento.

SP, ____

Advogado ____

OAB n. ____

EQUIPARAÇÃO SALARIAL

Na equiparação salarial, há necessidade de se indicar quem é o paradigma e qual é a diferença salarial entre o autor e o modelo.

É preciso atender aos requisitos do art. 461 da CLT, como mesma função, tempo de serviço para o mesmo empregador não seja superior a quatro anos e a diferença de tempo na função não seja superior a dois anos (§ 1º do art. 461 da CLT).

O empregado deverá provar que exerce a mesma função que o paradigma (art. 818, I, da CLT).

Caberá à empresa fazer a prova do tempo de exercício na função de mais de dois anos, de readaptação na função, de maior produtividade ou perfeição técnica, por se tratar de fatos modificativos, impeditivos ou extintivos do direito do autor (art. 818, II, da CLT).

Modelo de petição inicial de equiparação salarial

EXMO. SR. DR. JUIZ DA __ VARA DO TRABALHO DE SÃO PAULO

Giácomo Muzzarella, brasileiro, casado, carpinteiro, titular do RG e da CTPS n. 7.500, série 521, inscrito no PIS sob n., filho de Maria Pinto Muzzarella, residente e domiciliado na Rua José de Almeida Jr., 531, Centro, São Paulo, titular do RG n. e do CPF n., por seu advogado que esta subscreve (doc. 1), vem, mui respeitosamente, à presença de V. Exa. propor ação trabalhista contra CONSTRUTORA BALÃO LTDA., com sede na Rua do Chapéu, n. 171, Centro, São Paulo, CEP 02132-060, inscrita no CNPJ sob n., de acordo com as razões a seguir aduzidas.

O autor foi admitido em 1º-5-1998 e dispensado sem justa causa em 20-5-2012. Seu último salário era de R$ 1.000,00.

Exercia a mesma função que João Pedro da Silva. Recebia salário inferior ao do paradigma, que percebia R$ 2.000,00 por mês.

Tem direito ao mesmo salário do paradigma, na forma do art. 461 da CLT.

Pede:

a) diferenças de equiparação salarial – R$ 60.000,00 (1.000,00 × 12 × 5 anos);

b) reflexos em férias + 1/3, 13os salários, aviso prévio – R$ 12.000,00;

c) FGTS mais 40% s/ a e b – R$ 8.064,00.

Requer a citação da reclamada para contestar a presente postulação, se o desejar, sob pena de revelia e confissão quanto a matéria de fato (Súmula 74 do TST), que a final deverá ser acolhida, condenando o réu na forma do pedido, acrescido de juros e correção monetária.

Protesta provar o alegado por todos os meios de prova em direito admitidos, sem exclusão de nenhum, especialmente pelo depoimento pessoal do réu, sob pena de confissão (Súmula 74 do TST), oitiva de testemunhas, perícias, juntada de documentos e demais provas que se fizerem necessárias.

Dá à causa o valor de R$ 81.000,00.

P. deferimento.

SP, ____

Advogado ____

OAB n. ____

Modelo de petição inicial de pedido de comissões

EXMO. SR. DR. JUIZ DA __ VARA DO TRABALHO DE SÃO PAULO

JR Júnior, brasileiro, casado, carpinteiro, titular da CTPS n. 8.300, série 324, residente e domiciliado na Rua José de Alencar, 231, Centro, São Paulo, titular do RG n. e do CPF n., por seu advogado que esta subscreve (doc. 1), vem, mui respeitosamente, à presença de V. Exa. propor ação trabalhista contra COMERCIAL CASAS PAULISTAS LTDA., com sede na Rua do Seminário, n. 151, Centro, São Paulo, CEP 02132-060, inscrita no CNPJ sob n., de acordo com as razões a seguir aduzidas.

O autor foi admitido em 17-4-2000 e dispensado sem justa causa em 20-5-2012. Seu salário era à base de comissões, no importe de 5% em relação a cada venda feita.

Não recebeu as comissões dos meses de fevereiro a maio de 2009.

Pede:

a) comissões dos meses de fevereiro a maio de 2009 - R$ 20.000,00;

b) reflexos em DSR's, férias + 1/3, 13os salários, aviso prévio - R$ 4.000,00;

c) FGTS mais 40% s/ a e b - R$ 3.136,00.

Requer a citação da reclamada para contestar a presente postulação, se o desejar, sob pena de revelia e confissão quanto a matéria de fato (Súmula 74 do TST), que a final deverá ser acolhida, condenando o réu na forma do pedido, acrescido de juros e correção monetária.

Protesta provar o alegado por todos os meios de prova em direito admitidos, sem exclusão de nenhum, especialmente pelo depoimento pessoal do réu, sob pena de confissão (Súmula 74 do TST), oitiva de testemunhas, perícias, juntada de documentos e demais provas que se fizerem necessárias.

Dá à causa o valor de R$ 28.000,00.

P. deferimento.

São Paulo, ____

Advogado ____

OAB n. ____

Modelo de ação declaratória

EXMO. SR. DR. JUIZ DA __ VARA DO TRABALHO DE SÃO PAULO

Manoel L., brasileiro, casado, motoboy, titular da CTPS n. 4000, série 123, residente e domiciliado na Rua das Ventosas, 44, Centro, São Paulo, titular do RG n. e do CPF n., por seu advogado que esta subscreve (doc. 1), vem, mui respeitosamente, à presença de V. Exa. propor ação declaratória com pedido de anotação na CTPS contra EMPRESA DE TRANSPORTE JÁ VAI LTDA., com sede na Rua dos Centuriões, n. 120, Centro, São Paulo, CEP 02132-060, inscrita no CNPJ sob n., com fundamento no art. 19, I, do CPC, de acordo com as razões a seguir aduzidas.

1. Os fatos

O autor foi admitido em 1º-1-1986 e dispensado sem justa causa em 18-2-2012. Seu último salário mensal era de R$ 1.000,00. Era condutor de motocicleta (motoboy), fazendo entregas.

Está o requerente às vésperas de sua aposentadoria e precisa comprovar seu tempo de contribuição ao INSS, que não foi reconhecido pela empresa.

2. O direito

Entende o autor que deve ser proferida sentença declaratória da existência do vínculo de emprego entre as partes, com a correspondente anotação na CTPS do empregado.

Permite o inciso I do art. 19 do CPC que o interesse do autor possa limitar-se à declaração da existência da relação jurídica de emprego havida entre as partes.

Dispõe o art. 29 da CLT que o empregador tem 48 horas para registrar a CTPS do empregado, porém não o fez.

O ato do empregador está causando graves prejuízos ao empregado, no sentido de que não poderá contar o tempo de serviço na empresa para futura aposentadoria.

3. Pedido

Pede:

a) declaração da existência da relação de emprego entre as partes no período de 1º-1-1986 a 18-2-2012;

b) que a empresa seja condenada a anotar a data de entrada e saída na CTPS do autor, sob pena de fazê-lo a Secretaria da Vara.

Requer a citação da reclamada para contestar a presente postulação, se o desejar, sob pena de revelia e confissão quanto a matéria de fato, que a final deverá ser acolhida, condenando o réu na forma do pedido, inclusive com honorários de advogado.

4. Provas

Protesta provar o alegado por todos os meios de prova em direito admitidos, sem exclusão de nenhum, especialmente pelo depoimento pessoal do réu, sob pena de confissão (Súmula 74 do TST), oitiva de testemunhas, perícias, juntada de documentos e demais provas que se fizerem necessárias.

Dá à causa o valor de R$ 1.000,00.

P. deferimento.

SP, ____

Advogado ____

OAB n. ____

PROCEDIMENTO SUMARÍSSIMO

No procedimento sumaríssimo, a parte deve indicar o correto endereço do empregador e também o pedido deverá ser certo ou determinado, indicando o valor respectivo, isto é, liquidando o valor dos pedidos, sob pena de o juiz indeferir a petição inicial. A CLT usa a palavra arquivamento (§ 1º do art. 852-B), mas se trata de hipótese de extinção do processo sem julgamento de mérito.

Modelo de petição inicial de verbas rescisórias

EXMO. SR. DR. JUIZ DA __ VARA DO TRABALHO DE SÃO PAULO

N. P., brasileiro, casado, pedreiro, titular da CTPS n. 5.000, série 223, residente e domiciliado na Rua Amparo, 412, Serra Negra, São Paulo, titular do RG n. e do CPF n., por seu advogado que esta subscreve (doc. 1), vem, mui respeitosamente, à presença de V. Exa. propor ação trabalhista, sob o procedimento sumaríssimo, contra CONSTRUTORA T. LTDA., com sede na Rua do Acre, n. 120, Mooca, São Paulo, CEP 02132-060, inscrita no CNPJ sob n., de acordo com as razões a seguir aduzidas.

O autor foi admitido em 1º-1-2008 e dispensado sem justa causa em 20-5-2009. Seu último salário era de R$ 1.000,00.

Não recebeu as verbas rescisórias, nem as férias vencidas.

Tem direito à multa do § 8º do art. 477 da CLT.

A empresa não forneceu as guias para levantamento do FGTS, nem as guias do seguro-desemprego, muito menos pagou a indenização de 40% sobre os depósitos do FGTS.

Pede:

a) saldo de salário (20 dias) - R$ 666,66 (1.000,00: 30 × 20);

b) aviso prévio - R$ 1.000,00;

c) 13º salário (6/12 c/ aviso prévio) - R$ 499,99;

d) férias vencidas mais 1/3 - R$ 1.333,33;

e) férias prop. mais 1/3 (6/12 c/ aviso prévio) - R$ 666,64;

f) FGTS + 40% s/ a e c R$ 130,66;

g) multa do § 8º do art. 477 da CLT - R$ 1.000,00;

h) guia p/ levantamento do FGTS, sob pena de pagar a indenização correspondente;

i) indenização de 40% s/ FGTS - R$ 2.048,00;

j) guias de seguro-desemprego, sob pena de pagar a indenização correspondente.

As verbas rescisórias incontroversas deverão ser pagas na primeira audiência, sob pena de pagamento com acréscimo de 50% (art. 467 da CLT).

Requer a citação da reclamada para contestar a presente postulação, se o desejar, sob pena de revelia e confissão quanto a matéria de fato, que a final deverá ser acolhida, condenando o empregador na forma do pedido, acrescido de juros, correção monetária e honorários de advogado.

Protesta provar o alegado por todos os meios de prova em direito admitidos, sem exclusão de nenhum, especialmente pelo depoimento pessoal do réu, sob pena de confissão (Súmula 74 do TST), oitiva de testemunhas, perícias, juntada de documentos e demais provas que se fizerem necessárias.

Dá à causa o valor de R$ 7.400,00.

P. deferimento.

SP, ____

Advogado ____

OAB n. ____

Modelo de petição inicial de postulação de representante comercial autônomo

EXMO. SR. DR. JUIZ DA __ VARA DO TRABALHO DE SÃO PAULO

N. P., brasileiro, casado, representante comercial autônomo, titular da CTPS n. 7.500, série 521, residente e domiciliado na Rua Ciro de Melo, 769, Centro, São Paulo, titular do RG n. e do CPF n., por seu advogado que esta subscreve (doc. 1), vem, mui respeitosamente, à presença de V. Exa. propor ação trabalhista contra COMERCIAL C. LTDA., com sede na Rua do Campo de Marte, n. 666, Centro, São Paulo, CEP 01132-091, inscrita no CNPJ sob n., de acordo com as razões a seguir aduzidas.

O autor foi admitido como representante comercial em 1º-1-1998 e dispensado sem justa causa em 30-6-2012. Recebia a média mensal de R$ 2.000,00 a título de comissões.

Não recebeu as comissões do último mês trabalhado.

Tinha zona fechada de vendas, porém não recebia as comissões das vendas realizadas na sua zona, que eram realizadas por outros vendedores.

Pede:

a) comissões de junho - R$ 2.000,00;

b) comissões da zona fechada - R$ 50.000,00.

Requer a citação da reclamada para contestar a presente postulação, se o desejar, sob pena de revelia e confissão quanto a matéria de fato (Súmula 74 do TST), que a final deverá ser acolhida, condenando a ré na forma do pedido, acrescido de juros, correção monetária e honorários de advogado à razão de 20% sobre o valor da condenação.

Protesta provar o alegado por todos os meios de prova em direito admitidos, sem exclusão de nenhum, especialmente pelo depoimento pessoal do réu, sob pena de confissão (Súmula 74 do TST), oitiva de testemunhas, perícias, juntada de documentos e demais provas que se fizerem necessárias.

Dá à causa o valor de R$ 52.000,00.

P. deferimento.

São Paulo, ____

Advogado ____

OAB n. ____

Modelo de cobrança de honorários profissionais

EXMO. SR. DR. JUIZ DA __ VARA CÍVEL DE SÃO PAULO

José da Silva, brasileiro, advogado, casado, titular do RG n. e do CPF n., residente na Rua 1, n. 2, São Paulo, por seu advogado que esta subscreve (doc. 1), vem, mui respeitosamente, à presença de Vossa Excelência propor ação de cobrança de honorários profissionais contra José Ribeiro, brasileiro, casado, desempregado, com residência na Rua Passa Quatro n. 1, pelas razões a seguir aduzidas.

O requerente patrocinou um processo trabalhista para o requerido, visando cobrar suas verbas rescisórias e horas extras prestadas.

Foi feito contrato (doc. 2) no qual ficou estatuído que teria direito a 30% do valor do que recebesse. Entretanto, até o momento o réu não adimpliu a obrigação.

Pelo exposto, postula o pagamento dos seus honorários pela prestação do serviço no valor de R$ 2.000,00, com juros, correção monetária e honorários sucumbenciais.

Requer a citação do réu para contestar o pedido, se o desejar, sob pena de revelia e confissão quanto a matéria de fato.

Protesta provar o alegado por todos os meios de prova em direito admitidos, sem exclusão de nenhum, especialmente pelo depoimento pessoal do réu, sob pena de confissão, oitiva de testemunhas, perícias, juntada de documentos e demais provas que se fizerem necessárias.

Dá-se à causa o valor de R$ 3.000,00.

Nestes termos,

Pede deferimento.

SP, ____

Advogado ____

OAB n. ____

RECLAMAÇÃO PLÚRIMA

O art. 842 da CLT permite que "sendo várias as reclamações e havendo identidade da matéria, poderão ser acumuladas num só processo, se se tratar de empregados da mesma empresa ou estabelecimento". Identidade da matéria significa mesma causa de pedir e mesmo pedido. A prova deve ser a mesma para todos os autores. Os empregados devem ter prestado serviços para o mesmo empregador.

Modelo de reclamação plúrima

EXMO. SR. DR. JUIZ DA __ VARA DO TRABALHO DE SÃO PAULO

João da Silva, brasileiro, casado, operador de máquina, titular do RG n. e do CPF n., residente na Rua São Paulo, n. 200, São Caetano do Sul;

José Ribeiro, brasileiro, solteiro, operador de máquina, titular do RG n. e do CPF n. residente na Rua Carapicuíba, n. 239, Carapicuíba;

Manoel Souza, brasileiro, viúvo, operador de máquina, titular do RG n. e do CPF n. residente na Rua Carlos Venturi, n. 340, São Paulo, por seu advogado que esta subscreve (docs. 1, 2, 3), vem, mui respeitosamente, à presença de Vossa Excelência ajuizar ação contra Empresa Metalúrgica Azul Ltda., com sede na Rua das Couves, n. 524, Jd. das Emas, São Paulo, CEP 01240-030, inscrita no CNPJ sob n., de acordo com as razões a seguir aduzidas.

1. Dos fatos

Os reclamantes trabalhavam no setor de fundição da empresa. Foram dispensados de acordo com os termos de rescisão dos contratos de trabalho (docs. 4, 5, 6).

O trabalho é realizado em condições insalubres. Têm contato com elementos químicos, como hidrocarbonetos, ao se utilizarem de óleos minerais para limpar as peças.

O local de trabalho é ainda ruidoso. A empresa não fornece os protetores auriculares e não fiscaliza a sua utilização.

2. Fundamentos

O trabalho com hidrocarbonetos cumulado com elementos ruidosos dá direito aos autores ao adicional de insalubridade em grau máximo, na forma da NR 15 da Portaria n. 3.214/78.

O art. 192 da CLT prevê o pagamento do adicional de insalubridade sobre o salário mínimo.

Têm direito ao adicional de insalubridade em grau máximo e aos reflexos em aviso prévio, férias mais 1/3, 13os salários, com a incidência do FGTS + 40%.

3. Pedido

Pedem:

a) adicional de insalubridade em grau máximo, calculado sobre o salário mínimo;

b) reflexos do adicional em aviso prévio, férias mais 1/3, 13ºˢ salários;

c) incidência do FGTS mais 40% sobre o item *a* e sobre os reflexos em 13ºˢ salários.

Requer a citação do réu para contestar a presente postulação, se o desejar, sob pena de revelia e confissão quanto a matéria de fato, que a final deverá ser acolhida, condenando a reclamada na forma do pedido, acrescido de juros, correção monetária e honorários de advogado.

4. Provas

Protesta provar o alegado por todos os meios de prova em direito admitidos, sem exclusão de nenhum, especialmente pelo depoimento pessoal da ré, sob pena de confissão (Súmula 74 do TST), oitiva de testemunhas, perícia para apuração de insalubridade, juntada de documentos e demais provas que se fizerem necessárias.

Dá à causa o valor de R$ 10.000,00.

Nestes termos,

Pede deferimento.

SP, ____

Advogado ____

OAB n. ____

Modelo de petição de substituição processual

EXMO. SR. DR. JUIZ DA __ VARA DO TRABALHO DE SÃO PAULO

SINDICATO DOS TRABALHADORES ____, representado neste ato por seus diretores, na condição de substituto processual, vem, por seu advogado (doc. 1), mui respeitosamente à presença de Vossa Excelência ajuizar ação contra Empresa D Ltda., com sede na Rua 24 de Maio, n. 5, Centro, São Paulo, CEP 01240-030, inscrita no CNPJ sob n., de acordo com as razões a seguir aduzidas.

1. Dos fatos

Os substituídos, de acordo com o rol em anexo (doc. 2), trabalhavam no setor de fundição da empresa. Foram dispensados de acordo com os termos de rescisão dos contratos de trabalho (doc. 3).

O trabalho é realizado em condições perigosas. Têm contato com energia elétrica, pois os substituídos são eletricistas e ajudantes de eletricistas.

A empresa não fornece os equipamentos de proteção individual.

2. Fundamentos

O § 2º do art. 195 da CLT permite que o sindicato atue na condição de substituto processual dos associados em caso de periculosidade.

O trabalho com eletricidade dá direito aos empregados ao recebimento do adicional de 30% sobre seus salários (art. 193 da CLT).

Têm direito os substituídos ao adicional de periculosidade e aos reflexos em aviso prévio, férias mais 1/3, 13os salários, com a incidência do FGTS + 40%.

3. Pedido

Pede para todos os substituídos:

a) adicional de periculosidade, calculado sobre o salário contratual à razão de 30%;

b) reflexos do adicional em aviso prévio, férias mais 1/3, 13os salários;

c) incidência do FGTS mais 40% sobre o item *a* e sobre os reflexos em 13os salários.

Requer a citação do réu para contestar a presente postulação, se o desejar, sob pena de revelia e confissão quanto a matéria de fato, que a final deverá ser acolhida, condenando a reclamada na forma do pedido, acrescido de juros, correção monetária e honorários de advogado.

4. Provas

Protesta provar o alegado por todos os meios de prova em direito admitidos, sem exclusão de nenhum, especialmente pelo depoimento pessoal da ré, sob pena de confissão (Súmula 74 do TST), oitiva de testemunhas, perícia para apuração da periculosidade, juntada de documentos e demais provas que se fizerem necessárias.

Dá à causa o valor de R$ 10.000,00.

Nestes termos,

Pede deferimento.

SP, ____

Advogado ____

OAB n. ____

ADITAMENTO

A petição inicial poderá ser aditada antes de ser feita a citação. Entendo que é possível ser aditada a petição antes da audiência, pois a empresa pode ser citada em relação ao aditamento. No processo do trabalho, a relação processual só se aperfeiçoa com a audiência. Logo, é possível aditar a inicial antes da realização da audiência ou até na audiência, desde que o juiz a adie e marque nova audiência para o réu contestar o pedido contido na inicial e o aditamento.

Modelo de aditamento de petição inicial

EXMO. SR. DR. JUIZ DA 33ª VARA DO TRABALHO DE SÃO PAULO

Proc. n. 123/05

J. R. Jr., por seu advogado que esta subscreve nos autos da ação proposta contra Empresa de Transporte Chega na Hora LTDA., vem, mui respeitosamente, à presença de Vossa Excelência aditar a inicial.

Tendo o autor mencionado que trabalhava em horas extras, esqueceu-se de pedi-las em sua postulação.

Quer também retificar o pedido para constar como data de admissão 17-10-2001, e não a data indicada na peça vestibular.

Assim, postula o pagamento das horas extras trabalhadas, além da oitava diária com adicional de 50% e as suas integrações em DSR's, férias, 13º salário, aviso prévio e incidência de FGTS mais 40%, bem como a retificação da data de admissão para 17-10-2001, dando-se ciência à empresa.

P. deferimento.

SP, ____

Advogado ____

OAB n. ____

HOMOLOGAÇÃO DE ACORDO EXTRAJUDICIAL

O processo de homologação de acordo extrajudicial terá início por petição conjunta, sendo obrigatória a representação das partes por advogado (art. 855-B da CLT).

As partes não poderão ser representadas por advogado comum. Cada parte poderá indicar o seu advogado.

Faculta-se ao trabalhador ser assistido pelo advogado do sindicato de sua categoria.

No prazo de 15 dias a contar da distribuição da petição, o juiz analisará o acordo, designará audiência se entender necessário e proferirá sentença (art. 855-D da CLT).

A petição de homologação de acordo extrajudicial suspende o prazo prescricional da ação quanto aos direitos nela especificados (art. 855-E da CLT). O prazo prescricional voltará a fluir no dia útil seguinte ao do trânsito em julgado da decisão que negar a homologação do acordo.

Modelo de pedido de homologação de acordo extrajudicial

EXMO. SR. DR. JUIZ DA __ VARA DO TRABALHO DE SÃO PAULO

MSN., brasileiro, casado, vendedor, titular da CTPS n. 5.000, série 223, residente e domiciliado na Rua Amparo, 412, Serra Negra, São Paulo, titular do RG n. e do CPF n., por seu advogado que esta subscreve (doc. 1), e Papelaria e Produtos para Piscina Jeová Ltda., com sede na Rua do Amazonas, n. 120, Mooca, São Paulo, CEP 02132-060, inscrita no CNPJ sob n., vem, mui respeitosamente, à presença de V. Exa. postular a homologação de acordo extrajudicial.

O autor foi admitido em 1º-1-2013 e dispensado sem justa causa em 20-5-2017. Seu último salário era de R$ 1.000,00.

A empresa pagará:

a) saldo de salário (20 dias) – R$ 666,66 (1.000,00: 30 × 20);

b) aviso prévio – R$ 1.000,00;

c) 13º salário (6/12 c/ aviso prévio) – R$ 499,99;

d) férias vencidas mais 1/3 – R$ 1.333,33;

e) férias prop. mais 1/3 (6/12 c/ aviso prévio) – R$ 666,64;

f) prêmio – R$ 10.000,00;

g) horas extras e reflexos – R$ 12.000,00.

A empresa fornece as guias para levantamento do FGTS e as guias do seguro-desemprego.

A empresa pagará os valores acima ao empregado em ____

Após o empregado receber os valores acima, dará a mais ampla quitação à empresa, inclusive do extinto contrato de trabalho, não podendo mais reclamar qualquer valor.

Pedem a homologação do acordo extrajudicial.

SP, ____

advogado do empregado ____ advogado da empresa ____

OAB n. ____ OAB n. ____

Capítulo 3

INTERVENÇÃO DE TERCEIROS

A intervenção de terceiros é discutível no processo do trabalho. Entretanto, a assistência é admitida, conforme a Súmula 82 do TST, desde que seja demonstrado interesse jurídico do autor.

A oposição em dissídios coletivos também é admitida, em razão de que a Justiça do Trabalho tem competência para decidir sobre a representação sindical (art. 114, III, da Constituição).

ASSISTÊNCIA

Na assistência há necessidade da parte demonstrar interesse jurídico na intervenção, e não meramente econômico.

Pendendo uma causa entre duas ou mais pessoas, o terceiro, que tiver interesse jurídico em que a sentença seja favorável a uma delas, poderá intervir no processo para assisti-la (art. 119 do CPC).

A assistência tem lugar em qualquer dos tipos de procedimento e em todos os graus da jurisdição; mas o assistente recebe o processo no estado em que estiver.

Não havendo impugnação dentro de 15 dias, o pedido do assistente será deferido, salvo se for caso de rejeição liminar. Se qualquer das partes alegar, no entanto, que falta ao requerente interesse jurídico para intervir, o juiz decidirá o incidente, sem suspensão do processo.

O assistente simples atuará como auxiliar da parte principal, exercerá os mesmos poderes e sujeitar-se-á aos mesmos ônus processuais que o assistido. Sendo revel ou, de qualquer outro modo, omisso o assistido, o assistente será considerado seu substituto processual.

A assistência simples não obsta a que a parte principal reconheça o pedido, desista da ação, renuncie ao direito sobre o que se funda a ação ou transija sobre direitos controvertidos; casos em que, terminando o processo, cessa a intervenção do assistente.

Considera-se litisconsorte da parte principal o assistente, toda vez que a sentença houver de influir na relação jurídica entre ele e o adversário do assistido.

Transitada em julgado a sentença, na causa em que interveio o assistente, este não poderá, em processo posterior, discutir a justiça da decisão, salvo se alegar e provar que:

- pelo estado em que recebera o processo, ou pelas declarações e atos do assistido, fora impedido de produzir provas suscetíveis de influir na sentença;
- desconhecia a existência de alegações ou de provas, de que o assistido, por dolo ou culpa, não se valeu.

Modelo de pedido de assistência

EXMO. SR. DR. JUIZ DA 33ª VARA DO TRABALHO DE SÃO PAULO

Proc. n. 171/05

Rubens Martins, brasileiro, casado, músico, titular da CTPS n. 66.456, série 123, residente e domiciliado na Rua Brás Cubas, n. 11, São Paulo, por seu advogado que esta subscreve (doc. 1), nos autos da reclamação trabalhista ajuizada por T. M. contra Paraíba Transportes Velozes Ltda., vem, mui respeitosamente, à presença de V. Exa. requerer o seguinte.

O autor, T. M., ajuizou reclamação trabalhista contra Paraíba Transportes Velozes Ltda., pois tocava juntamente com seu conjunto, pleiteando relação de emprego.

O requerente era da banda do reclamante e também não foi registrado na empresa.

Tem interesse no acolhimento da pretensão, pois a sua situação era a mesma, não sendo autônomo, ou tendo feito qualquer contrato de equipe com o reclamante, muito menos era empregado deste.

Requer a sua participação na lide, na qualidade de assistente litisconsorcial, nos termos dos arts. 119 a 122 do CPC.

Protesta provar o alegado por todos os meios de prova em direito admitidos, sem exclusão de nenhum, especialmente pelo depoimento pessoal, sob pena de confissão (Súmula 74 do TST), oitiva de testemunhas, perícias, juntada de documentos e demais provas que se fizerem necessárias.

Nestes termos,

Pede deferimento.

SP, ____

Advogado ____

OAB n. ____

OPOSIÇÃO

Quem pretender, no todo ou em parte, a coisa ou o direito sobre que controvertem autor e réu, poderá, até ser proferida a sentença, oferecer oposição contra ambos.

A Justiça do Trabalho é competente para analisar a oposição em dissídio coletivo a respeito da representatividade e base territorial do sindicato, com fundamento no inciso III do art. 114 da Constituição.

O opoente deduzirá o seu pedido, observando os requisitos exigidos para a propositura da ação (arts. 319 e 330 do CPC). Distribuída a oposição por dependência, serão os opostos citados, na pessoa dos seus respectivos advogados, para contestar o pedido.

Se um dos opostos reconhecer o pedido, contra o outro prosseguirá o opoente (art. 684 do CPC).

A oposição, oferecida antes da audiência, será apensada aos autos principais e correrá simultaneamente com a ação, sendo ambas julgadas pela mesma sentença.

Cabendo ao juiz decidir simultaneamente a ação e a oposição, desta conhecerá em primeiro lugar.

Modelo de oposição

EXMO. SR. DR. JUIZ DA 33ª VARA DO TRABALHO DE SÃO PAULO

Proc. n. 1.150/09

Mário Martins, brasileiro, solteiro, vendedor, residente na Rua Tupi, n. 30, por seu advogado que esta subscreve (doc. 1), vem mui respeitosamente, à presença de V. Exa. apresentar OPOSIÇÃO de acordo com as razões a seguir aduzidas.

M. A. ajuizou reclamação trabalhista contra Laboratórios G. Ltda., alegando que deve receber as comissões das vendas realizadas na cidade de Marília.

Ocorre que o requerente é que sempre efetuou as vendas na cidade de Marília, como empregado da reclamada (doc. 2). Por isso, as comissões de vendas realizadas lhe pertencem, pois o requerente detinha contrato com a reclamada de exclusividade de vendas na região de Marília (doc. 3).

Assim, requer que lhe sejam pagas as comissões das vendas realizadas na cidade de Marília, admitindo-se a inclusão do requerente na lide como opoente e o pagamento das comissões das vendas realizadas naquela cidade.

Protesta provar o alegado por todos os meios de prova em direito admitidos, sem exclusão de nenhum, especialmente pelo depoimento pessoal da reclamada, sob pena de confissão (Súmula 74 do TST), oitiva de testemunhas, perícias, juntada de documentos e demais provas que se fizerem necessárias.

Nestes termos,

Pede deferimento.

SP, ____

Advogado ____

OAB n. ____

DENUNCIAÇÃO DA LIDE

A denunciação da lide é obrigatória:

- ao alienante imediato, no processo relativo a coisa cujo domínio foi transferido ao denunciante, a fim de que este possa exercer o direito que da evicção lhe resulta;
- àquele que estiver obrigado, pela lei ou pelo contrato, a indenizar, em ação regressiva, o prejuízo de quem for vencido no processo.

A citação do denunciado será requerida, juntamente com a do réu, se o denunciante for o autor; e, no prazo para contestar, se o denunciante for o réu.

Ordenada a citação, ficará suspenso o processo.

Feita a denunciação pelo autor, o denunciado, comparecendo, assumirá a posição de litisconsorte do denunciante e poderá aditar a petição inicial, procedendo-se em seguida à citação do réu.

Feita a denunciação pelo réu:

- se o denunciado a aceitar e contestar o pedido, o processo prosseguirá entre o autor, de um lado, e, de outro, como litisconsortes, o denunciante e o denunciado;

- se o denunciado for revel, o denunciante pode deixar de prosseguir com sua defesa, eventualmente oferecida, e abster-se de recorrer, restringindo sua atuação à ação regressiva;
- se o denunciado confessar os fatos alegados pelo autor na ação principal, o denunciante prosseguir com sua defesa ou, aderindo a tal reconhecimento, pedir apenas a procedência da ação de regresso.

Se o denunciante for vencido na ação principal, o juiz passará ao julgamento da denunciação da lide.

Modelo de denunciação da lide

EXMO. SR. DR. JUIZ DA 33ª VARA DO TRABALHO DE SÃO PAULO

Proc. n. 123/05

CONSTRUTORA PC LTDA., por seu advogado que esta subscreve (doc. 1), nos autos da reclamação trabalhista proposta por J. C., vem, mui respeitosamente, à presença de V. Exa. requerer a denunciação da lide de CONSTRUTORA Q. LTDA., de acordo com os motivos a seguir aduzidos.

A denunciada responsabilizou-se pelo pagamento de todas as indenizações trabalhistas em que o requerente eventualmente possa ser condenado, conforme se nota do contrato de venda do estabelecimento (doc. 2), pois a reclamada não era a empregadora do reclamante.

Requer, assim, se digne Vossa Excelência determinar a inclusão no feito da Construtora Q. Ltda., que era a verdadeira empregadora do reclamante.

Protesta provar o alegado por todos os meios de prova em direito admitidos, sem exclusão de nenhum, especialmente pelo depoimento pessoal, sob pena de confissão (Súmula 74 do TST), oitiva de testemunhas, perícias, juntada de documentos e demais provas que se fizerem necessárias.

Nestes termos,

Pede deferimento.

SP, ____

Advogado ____

OAB ____

CHAMAMENTO AO PROCESSO

É admissível o chamamento ao processo:

- do afiançado, na ação em que o fiador for réu;
- dos outros fiadores, na ação proposta contra um ou alguns deles;

- dos demais devedores solidários, quando o credor exigir de um ou de alguns deles, parcial ou totalmente, a dívida comum.

A citação daqueles que devam figurar em litisconsórcio passivo será requerida pelo réu na contestação e deve ser promovida no prazo de 30 dias, sob pena de ficar sem efeito o chamamento (art. 131 do CPC).

O juiz suspenderá o processo.

A sentença, que acolher o pedido, condenando os devedores, valerá como título executivo, em favor do réu que satisfizer a dívida, para exigi-la, por inteiro, do devedor principal, ou de cada um dos codevedores a sua quota, na proporção que lhes tocar.

Modelo de chamamento ao processo

EXMO. SR. DR. JUIZ DA 33ª VARA DO TRABALHO DE SÃO PAULO

Proc. n. 743/08

C. EMPREITEIRA LTDA., por seu advogado que esta subscreve (doc. 1), nos autos da reclamação trabalhista proposta por A. L., vem, mui respeitosamente, à presença de V. Exa. requerer a admissão de C. EMPREENDIMENTOS LTDA., como chamada ao processo, nos termos do art. 130 do CPC, de acordo com as razões a seguir aduzidas.

A reclamada pertence ao grupo econômico C. Empreendimentos Ltda., que, nos termos do § 2º do art. 2º da CLT, é o verdadeiro empregador. A ré é solidária com a referida empresa do grupo, como mostram os seus contratos sociais e outros documentos (doc. 2).

Assim, requer a admissão no feito de C. Empreendimentos Ltda., como chamado ao processo, por ser devedora solidária, juntamente com a reclamada, na eventualidade de ser deferido algum pedido ao reclamante, que seria empregado do grupo econômico.

Protesta provar o alegado por todos os meios de prova em direito admitidos, sem exclusão de nenhum, especialmente pelo depoimento pessoal, sob pena de confissão (Súmula 74 do TST), oitiva de testemunhas, perícias, juntada de documentos e demais provas que se fizerem necessárias.

Nestes termos,

Pede deferimento.

SP, ____

Advogado ____

OAB ____

Capítulo 4

AUDIÊNCIA

No processo do trabalho, é na audiência que é praticada a maioria dos atos processuais. São ouvidos os depoimentos pessoais e testemunhais.

O processo trabalhista também se aperfeiçoa com a audiência.

O não comparecimento do empregado à audiência implica arquivamento do feito (art. 844 da CLT), que significa a extinção do processo sem julgamento de mérito, permitindo que o empregado postule novamente na Justiça do Trabalho o mesmo pedido.

Ocorrendo motivo relevante, poderá o juiz suspender o julgamento, designando nova audiência (§ 1º do art. 844 da CLT).

Na hipótese de ausência do reclamante, este será condenado ao pagamento das custas calculadas na forma do art. 789 da CLT, ainda que beneficiário da justiça gratuita, salvo se comprovar, no prazo de quinze dias, que a ausência ocorreu por motivo legalmente justificável.

O pagamento das custas a que se refere o § 2º do art. 844 da CLT é condição para a propositura de nova demanda.

A revelia não produz o efeito de presunção de veracidade dos fatos se:

I – havendo pluralidade de reclamados, algum deles contestar a ação;

II – o litígio versar sobre direitos indisponíveis;

III – a petição inicial não estiver acompanhada de instrumento que a lei considere indispensável à prova do ato;

IV – as alegações de fato formuladas pelo reclamante forem inverossímeis ou estiverem em contradição com prova constante dos autos.

Ainda que ausente o reclamado, presente o advogado na audiência, serão aceitos a contestação e os documentos eventualmente apresentados.

Modelo de termo de arquivamento de reclamação

Proc. n. 123/11

RECLAMANTE: E. A. N.

RECLAMADA: C. B. S.A.

Aos doze dias do mês de janeiro de 2017, nesta cidade, às 15 horas, na sala de audiências, não tendo comparecido o reclamante, foi pelo MM. Juiz arquivada a reclamação, nos termos do art. 844 da CLT.

Custas pelo reclamante sobre a importância de R$ 1.000,00 no valor arbitrado de R$ 20,00. CITE-SE.

Do que, para constar, foi lavrado o presente termo, que vai assinado pelo MM. Juiz e por mim, Diretor da Secretaria.

Juiz ____

Diretor da Secretaria ____

REVELIA

O não comparecimento do empregador à audiência importa revelia e confissão quanto à matéria de fato (art. 844 da CLT). A confissão é um dos efeitos da revelia.

Modelo de termo de audiência (em caso de revelia)

Proc. n. 171/11

Aos 4 dias de setembro de 2016, às 13h15min, presidida pelo MM. Juiz do Trabalho, Dr. Sergio Pinto Martins, realizou-se a audiência referente ao processo acima, entre partes

L.E.C., recte., e

Empresa de Parafusos Ltda. recda.

Compareceu o recte. acompanhado pelo Dr. J. P., OAB n.

Ausente a recda., que é revel e confessa quanto à matéria de fato (art. 844 da CLT). O recte. confirmou os termos da inicial.

Prejudicada a conciliação. Submetida a reclamação a julgamento, foi proferida a seguinte SENTENÇA:

L.E.C. ajuizou ação trabalhista contra Empresa de Parafusos Ltda. Pede as verbas de "a" a "n" da inicial de fls. 3.

A empresa é revel e confessa quanto à matéria de fato.

Prejudicada a conciliação.

DECIDO

A confissão ficta da recda. faz presumir verdadeiros os fatos alegados na inicial (art. 844 da CLT).

Isto posto, acolho a pretensão do autor. Consequentemente, fica a ré condenada na forma do pedido contido na inicial. Honorários de advogado são indevidos, pois não foram atendidos os requisitos legais. Juros de mora e correção monetária na forma da lei. Custas pela recda., calculadas sobre R$ 6.700,00 no importe de R$ 134,00.

Ciente o recte. Intime-se a recda.

Sergio Pinto Martins

Juiz do Trabalho

PREPOSTO

O empregador poderá se fazer representar na audiência por preposto. O § 1º do art. 843 da CLT permite que o empregador possa ser representado na audiência por gerente ou qualquer outro preposto, desde que tenha conhecimento dos fatos. O preposto não precisa ser empregado da parte reclamada (§ 3º do art. 843 da CLT). A Súmula 377 do TST indica que o preposto não precisa ser empregado em relação ao empregador doméstico. O preposto da microempresa e da empresa de pequeno porte pode ser qualquer pessoa (art. 54 da Lei Complementar n. 123).

Modelo de carta de preposição

EXMO. SR. DR. JUIZ DA 33ª VARA DO TRABALHO DE SÃO PAULO

Proc. n. 666/11

Apresentamos nosso funcionário, Jamberson da Silva, titular da CTPS n. 12.345, série 000623, que funcionará como preposto de nossa empresa na audiência designada para o dia 9-1-2010, às 14 horas, na ação proposta pelo Sr. José de Pádua contra nossa empresa.

Atenciosamente,

SP, ____

Mário Ribeiro

sócio da empresa

Modelo de carta de convite a testemunha

São Paulo, ____

Ao Sr.

Reclamação trabalhista

Proc. n.

Por meio desta fica V. Sa. convidado para comparecer, na condição de testemunha, nos autos da ação trabalhista movida por ____ contra ____, no dia 17 de abril de 2016, às 13h45min, na Av. Marquês de São Vicente, 132, na 33ª Vara do Trabalho de São Paulo, nos termos do art. 825 da CLT.

Favor levar documento de identificação com foto: RG ou Carteira de Trabalho.

Atenciosamente,

Advogado ____

Modelo de petição de rol de testemunhas

EXMO. SR. DOUTOR JUIZ DA __ VARA DO TRABALHO DE ____

Proc. n. 123/08

José da Silva, já qualificado nos autos em que contende com Empresa Vale Tudo Ltda., por seu advogado que esta subscreve, vem, mui respeitosamente, à presença de Vossa Excelência, apresentar seu rol de testemunhas, conforme consta da ata de audiência, que deverão ser intimadas para a audiência designada.

1) Pedro da Silva

enrolador

residente na Rua dos Trilhos, n. 666, Mooca, São Paulo, SP;

2) Roque da Silva

rebobinador

residente na Rua Celso Azevedo Fagundes, n. 69, Parque da Mooca, São Paulo, SP.

Nestes termos,

P. deferimento.

SP, ____

Advogado ____

OAB n. ____

Modelo de termo de audiência

33ª Vara do Trabalho de São Paulo

Proc. n. 171/11

Aos 31 (trinta e um) dias do mês de janeiro do ano 2016, às 14 horas, na sala de audiências desta Vara, sob a presidência do MM. Juiz do Trabalho, Dr. Sergio Pinto Martins, foram, por ordem do MM. Juiz, apregoados os litigantes:

recte.: José da Silva

recdo.: E. A. S.

Presente o reclamante, com seu patrono Dr. S. V. P., OAB n.

Presente a reclamada, por seu preposto O. A., com o advogado M. D. N., OAB n.

Efetuada a primeira proposta de conciliação (art. 846 da CLT), que restou infrutífera.

Apresentada a defesa com 200 documentos.

As partes dispensam os depoimentos pessoais, requerendo o encerramento da instrução, por se tratar a matéria discutida nos autos exclusivamente de direito.

Razões finais das partes remissivas ao alegado e provado nos autos.

Efetuada a segunda proposta de conciliação (art. 850 da CLT), que também restou prejudicada.

Designado julgamento para o dia 25-11-2016, às 15 horas, quando as partes serão intimadas pelo correio.

Nada mais.

Juiz ____

Diretor de Secretaria ____

Capítulo 5

EXCEÇÕES, CONTESTAÇÃO, RECONVENÇÃO

A contestação deve ser apresentada oralmente em audiência no prazo de 20 minutos. Na prática, o réu leva contestação escrita e a apresenta em audiência, mas não em cartório.

Toda matéria de defesa deve ser apresentada em audiência, inclusive as exceções. É a aplicação do princípio da eventualidade.

A CLT estabelece as exceções de suspeição (art. 801) e incompetência (art. 801). Na época da edição da CLT, não existia exceção de impedimento, que foi desdobrada da exceção de suspeição pelo CPC de 1973.

A exceção de incompetência pode ser em razão do lugar (*ex ratione loci*), em razão das pessoas (*ex ratione personae*), em razão da matéria (*ex ratione materiae*).

A competência em razão da matéria e das pessoas está definida no art. 114 da Constituição, que estabelece que compete à Justiça do Trabalho processar e julgar:

- as ações oriundas da relação de trabalho, abrangidos os entes de direito público externo e da administração pública direta e indireta da União, dos Estados, do Distrito Federal e dos Municípios;
- as ações que envolvam exercício do direito de greve;
- as ações sobre representação sindical, entre sindicatos, entre sindicatos e trabalhadores, e entre sindicatos e empregadores;

- os mandados de segurança, *habeas corpus* e *habeas data*, quando o ato questionado envolver matéria sujeita à sua jurisdição;
- os conflitos de competência entre órgãos com jurisdição trabalhista, ressalvado o disposto no art. 102, I, *o*;
- as ações de indenização por dano moral ou patrimonial, decorrentes da relação de trabalho;
- as ações relativas às penalidades administrativas impostas aos empregadores pelos órgãos de fiscalização das relações de trabalho;
- a execução, de ofício, das contribuições sociais previstas no art. 195, I, *a*, e II, e seus acréscimos legais, decorrentes das sentenças que proferir;
- outras controvérsias decorrentes da relação de trabalho, na forma da lei.

Modelo de exceção de incompetência em razão da pessoa

EXMO. SR. DR. JUIZ DA 33ª VARA DO TRABALHO DE SÃO PAULO

Proc. n. 169/11

Município de São Paulo, nos autos da reclamação trabalhista ajuizada por J. C., vem, mui respeitosamente, à presença de V. Exa. apresentar EXCEÇÃO DE INCOMPETÊNCIA EM RAZÃO DA PESSOA, de acordo com as razões a seguir aduzidas.

O autor ajuizou ação trabalhista pedindo diversos direitos previstos na CLT.

Ocorre que o reclamante é servidor público estatutário, regido pela Lei Municipal n. 1.111/91, estando sujeito ao regime de Direito Administrativo, e não de Direito do Trabalho.

O art. 114 da Constituição não dá competência à Justiça do Trabalho para examinar questões de funcionários estatutários e da Administração Pública, mas apenas de empregados e empregadores.

O STF entende que a Justiça do Trabalho não é competente para julgar questões de funcionários públicos (ADIn 3.395-6/DF, rel. Min. Cezar Peluso, j. 5-4-2006, *DJU* 10-11-2006).

Competente, portanto, é a Justiça Comum para analisar o presente feito, para onde os autos devem ser remetidos.

Posto isto, requer a excipiente seja a presente demanda enviada à Vara da Fazenda Pública, que é a competente para apreciar a presente controvérsia.

Nestes termos,

P. deferimento.

São Paulo ____

Advogado ____

OAB n. ____

Modelo de exceção de incompetência em razão da matéria

EXMO. SR. DR. JUIZ DA 33ª VARA DO TRABALHO DE SÃO PAULO

Proc. n. 169/11

EMPRESA LIMPADORA TUDO LIMPO LTDA., nos autos da reclamação trabalhista ajuizada por José da Silva, por seu advogado que esta subscreve, vem, mui respeitosamente, à presença de V. Exa. apresentar EXCEÇÃO DE INCOMPETÊNCIA EM RAZÃO DA MATÉRIA, de acordo com as razões a seguir aduzidas.

O autor ajuizou ação trabalhista pedindo cobrança de honorários profissionais de advogado.

O art. 114 da Constituição não dá competência à Justiça do Trabalho para examinar a questão, pois não há lei fixando tal competência até o momento.

A Súmula 363 do STJ mostra que "compete à Justiça Estadual processar e julgar a ação de cobrança ajuizada por profissional liberal contra o cliente".

Competente, portanto, é a Justiça Comum para analisar o presente feito, para onde os autos devem ser remetidos.

Posto isto, requer a excipiente seja a presente demanda enviada à Justiça Comum, que é a competente para apreciar a presente controvérsia.

Nestes termos,

P. deferimento.

São Paulo, ____

Advogado ____

OAB n. ____

COMPETÊNCIA EM RAZÃO DO LUGAR

O *caput* do art. 651 da CLT dispõe sobre a regra geral para estabelecer a competência em razão do lugar onde a ação trabalhista será proposta.

Dispõe o § 1º do art. 651 da CLT que, quando for parte no dissídio agente ou viajante comercial, a competência será da Vara da localidade em que a empresa tenha agência ou filial e a esta o empregado esteja subordinado e, na falta, será competente a Vara da localidade em que o empregado tenha domicílio ou a localidade mais próxima.

Determina o § 2º do art. 651 da CLT que a competência das Varas do Trabalho, "estabelecida neste artigo, estende-se aos dissídios ocorridos em agência ou filial no estrangeiro, desde que o empregado seja brasileiro e não haja convenção internacional dispondo em contrário".

Reza o § 3º do art. 651 da CLT que, "em se tratando de empregador que promova a realização de atividades fora do lugar do contrato de trabalho, é assegurado ao empregado apresentar reclamação no foro de celebração do contrato ou no da prestação dos respectivos serviços". Esse dispositivo é uma exceção, que deve ser observada nos casos em que o empregador trabalha em locais incertos, transitórios ou temporários.

A incompetência territorial é apresentada no prazo de cinco dias a contar da notificação, antes da audiência e em peça que sinalize a existência desta exceção (art. 800 da CLT). Protocolada a petição, será suspenso o processo e não se realizará a audiência a que se refere o art. 843 da CLT até que se decida a exceção. Os autos serão imediatamente conclusos ao juiz, que intimará o reclamante e, se existentes, os litisconsortes, para manifestação no prazo comum de cinco dias. Se entender necessária a produção de prova oral, o juízo designará audiência, garantindo o direito de o excipiente e de suas testemunhas serem ouvidos, por carta precatória, no juízo que este houver indicado como competente. Decidida a exceção de incompetência territorial, o processo retomará seu curso, com a designação de audiência, a apresentação de defesa e a instrução processual perante o juízo competente.

Modelo de exceção de incompetência em razão do lugar

EXMO. SR. DR. JUIZ DA 33ª VARA DO TRABALHO DE SÃO PAULO

Proc. n. 777/11

CALÇADOS PÉ QUENTE LTDA., nos autos da reclamação trabalhista proposta por A. A. C., vem, mui respeitosamente, à presença de V. Exa. opor EXCEÇÃO DE INCOMPETÊNCIA EM RAZÃO DO LUGAR, na forma do que passa a expor.

O autor foi contratado em Santos, trabalhando em Mauá e por último em Guarulhos.

Segundo a regra do art. 651 da CLT, a ação deve ser proposta no último local da prestação de serviços do empregado.

No caso dos autos, o último local de trabalho do reclamante foi a cidade de Guarulhos. Assim, esta cidade, por uma de suas Varas, seria competente para apreciar o feito.

Pelo exposto, requer seja acolhida a presente exceção de incompetência em razão do lugar, sendo que os autos deverão ser enviados para uma das Varas de Guarulhos.

Nestes termos,

P. deferimento.

SP, ____

Advogado ____

OAB n. ____

SUSPEIÇÃO

A suspeição contém um aspecto subjetivo que impede o juiz de atuar no processo.

As hipóteses de suspeição são, segundo a CLT:

- inimizade pessoal;
- amizade íntima;
- parentesco por consanguinidade ou afinidade até o terceiro grau civil;
- interesse particular na causa (art. 801 da CLT).

Dispõe o CPC que há suspeição do juiz:

I – amigo íntimo ou inimigo de qualquer das partes ou de seus advogados;

II – que receber presentes de pessoas que tiverem interesse na causa antes ou depois de iniciado o processo, que aconselhar alguma das partes acerca do objeto da causa ou que subministrar meios para atender às despesas do litígio;

III – quando qualquer das partes for sua credora ou devedora, de seu cônjuge ou companheiro ou de parentes destes, em linha reta até o terceiro grau, inclusive;

IV – interessado no julgamento do processo em favor de qualquer das partes (art. 145).

Modelo de exceção de suspeição

EXMO. SR. DR. JUIZ DA 33ª VARA DO TRABALHO DE SÃO PAULO

Proc. n. 666/11

Expresso Já Vai Ltda., nos autos da reclamação trabalhista em que contende com A. B., vem, mui respeitosamente, à presença de V. Exa. opor EXCEÇÃO DE SUSPEIÇÃO, relativa ao Sr. Juiz, N. P., de acordo com as razões a seguir expostas.

Inicialmente, deve-se dizer que o excipiente não tem nenhuma restrição quanto à honorabilidade do Juiz que preside a audiência, apenas a presente reflete um procedimento processual necessário, dada a amizade que cerca o Sr. Juiz e o reclamante.

Mantêm o reclamante e o Sr. Juiz amizade íntima, tendo trabalhado juntos na mesma empresa. São eles, ainda, vizinhos e frequentam-se mutuamente, constando até que são compadres e fazem empréstimos entre si. A alínea *b* do art. 801 da CLT impede que o Sr. Juiz aprecie a demanda em foco.

Pelo exposto, aguarda o excipiente que a exceção seja acolhida, declarando-se o impedimento do Sr. Juiz titular da 33ª Vara do Trabalho de São Paulo, caso a referida pessoa já não se tenha declarado suspeita.

Nestes termos,

P. deferimento.

SP, ____

Advogado ____

OAB SP n. ____

IMPEDIMENTO

As hipóteses de impedimento do juiz estão previstas no art. 144 do CPC:

- em que interveio como mandatário da parte, oficiou como perito, funcionou como membro do Ministério Público, ou prestou depoimento como testemunha;
- que conheceu em outro grau de jurisdição, tendo proferido decisão. Se a lei não estabelecesse esse impedimento, provavelmente o juiz iria manter sua decisão;
- quando nele estiver postulando, como defensor público, advogado ou membro do Ministério Público, seu cônjuge ou companheiro, ou qualquer parente seu, consanguíneo ou afim, em linha reta; ou na linha colateral até o segundo grau;
- quando cônjuge, parente, consanguíneo ou afim, em linha reta ou colateral, até o terceiro grau, inclusive;
- quando for sócio ou membro de direção ou de administração de pessoa jurídica no processo;
- quando for herdeiro presuntivo, donatário ou empregador de qualquer das partes;
- em que figure como parte instituição de ensino com a qual tenha relação de emprego ou decorrente de contrato de prestação de serviços;
- em que figure como parte cliente do escritório de advocacia de seu cônjuge, companheiro ou parente, consanguíneo ou afim, em linha reta ou colateral, até o terceiro grau, inclusive, mesmo que patrocinado por advogado de outro escritório;
- quando promover ação contra a parte ou seu advogado.

Modelo de exceção de impedimento

EXMO. SR. DR. JUIZ DA 33ª VARA DO TRABALHO DE SÃO PAULO

Proc. n. 666/11

Maria da Silva, nos autos da reclamação trabalhista em que contende com Expresso Já Vai Ltda., vem, mui respeitosamente, à presença de V. Exa. opor EXCEÇÃO DE IMPEDIMENTO, relativa ao Sr. Juiz, Sergio Pinto Martins, de acordo com as razões a seguir expostas.

Inicialmente, deve-se dizer que o excipiente não tem nenhuma restrição quanto à honorabilidade do referido Juiz, apenas a presente reflete um procedimento processual necessário.

O Sr. Juiz Sergio Pinto Martins tem procuração no processo em relação à empresa Expresso Já Vai Ltda.

O impedimento está devidamente caracterizado, na forma do inciso I do art. 144 do CPC, pois não é permitido ao magistrado atuar no processo em que atuou como mandatário da parte.

Pelo exposto, aguarda o excipiente que a exceção seja acolhida, declarando-se a suspeição do Sr. Juiz, caso a referida pessoa já não se tenha declarado suspeita.

Nestes termos,

P. deferimento.

SP, ____

Advogado ____

OAB SP n. ____

CONTESTAÇÃO

A contestação, pela CLT, seria oferecida oralmente em 20 minutos. Na prática, é feita por escrito.

A parte poderá apresentar defesa escrita pelo sistema de processo judicial eletrônico até a audiência (parágrafo único do art. 847 da CLT).

O réu deverá alegar na contestação toda a matéria possível, expondo as razões de fato e de direito com que impugna o pedido do autor (art. 336 do CPC). Não irá se admitir, porém, contestação por negativa geral, que nenhum efeito produzirá. Caberá, também, ao réu "manifestar-se precisamente sobre os fatos narrados na petição inicial". Presumir-se-ão verdadeiros os fatos não impugnados (art. 341 do CPC). A presunção de veracidade diz respeito apenas aos fatos e não ao direito.

Oferecida a contestação, ainda que eletronicamente, o reclamante não poderá, sem o consentimento do reclamado, desistir da ação (§ 3º do art. 841 da CLT).

PRELIMINARES

Preliminar é aquilo que antecede alguma coisa. As preliminares são matérias prejudiciais de conhecimento de mérito da ação. Consistem em se discutir o que vem antes do objeto da ação.

Prevê o art. 337 do CPC quanto às preliminares que podem ser ofertadas em juízo diante de:

- inexistência ou nulidade de citação (art. 239 do CPC e art. 841 da CLT);
- inépcia da inicial (arts. 485, I, e 330 do CPC);
- litispendência (§ 1º do art. 337 do CPC);
- coisa julgada (§ 4º do art. 337 do CPC e art. 836 da CLT);
- conexão (art. 55 do CPC);
- continência (art. 56 do CPC);
- carência de ação (art. 486, VI, do CPC);
- incapacidade da parte, defeito de representação ou falta de autorização (arts. 70 e 76 do CPC).

PRELIMINARES DE MÉRITO

Antes de discutir o mérito, o réu pode alegar prescrição, decadência e também compensação e retenção, que são hipóteses de extinção do processo com julgamento de mérito (art. 487, II, do CPC).

Compensação e retenção somente podem ser alegadas como matérias de defesa (art. 767 da CLT). A compensação só poderá ser arguida com a contestação (Súmula 48 do TST). A compensação na Justiça do Trabalho está restrita a dívidas de natureza trabalhista (Súmula 16 do TST).

MÉRITO

No mérito, a empresa poderá adotar vários aspectos para a defesa:

- a negativa dos fatos narrados na inicial (ex.: o autor diz que foi empregado, a empresa alega que nunca houve prestação de serviços do autor);
- o reconhecimento dos fatos alegados na inicial e suas consequências, ou parte do pedido;
- a admissão dos fatos narrados na peça vestibular, mas oposição de suas consequências (ex.: o autor pede adicional de transferência e a reclamada alega que não houve transferência, pois inexistiu a mudança de domicílio do empregado).

Modelo de contestação

EXMO. SR. DR. JUIZ DA 33ª VARA DO TRABALHO DE SÃO PAULO

Proc. n. 171/11

Lojas M. Ltda., com sede na rua das Rosas, n. 21, inscrita no CNPJ sob n., por seu advogado que esta subscreve (doc. 1), vem, mui respeitosamente, à presença de Vossa Excelência, na ação trabalhista proposta por J. M., apresentar sua CONTESTAÇÃO, de acordo com as razões de fato e de direito a seguir expostas.

A) PRELIMINAR

I – INÉPCIA DA INICIAL

A inicial é inepta, pois quanto ao pedido de horas extras não foi declinado o horário de trabalho da reclamante.

No que diz respeito aos reflexos, o pedido é de reflexos "nas contratuais", que não possibilita a defesa da ré, pois não se sabe o que pretende a autora com isso.

Assim, é de se declarar a inépcia da inicial, extinguindo-se o processo sem julgamento de mérito (art. 485, I c/c 330, I, e parágrafo único, I e II, todos do CPC).

B) MÉRITO

I – PRESCRIÇÃO

A ação foi proposta em 2-3-2009. Dessa forma, as verbas anteriores a 2-3-2004 estão prescritas, aplicando-se o inciso XXIX do art. 7º da Constituição.

II – DEFESA DIRETA

1. Justa causa

A autora não faz jus às verbas rescisórias, pois foi dispensada por justa causa. No dia 5-12-2007, a autora ofendeu com palavras de baixo calão seu chefe, na presença de várias testemunhas.

Assim, foi-lhe aplicada a justa causa, com fundamento na alínea *k* do art. 482 da CLT.

Não tem direito a postulante a aviso prévio, férias proporcionais, 13º salário proporcional, levantamento do FGTS, indenização de 40% e guias de seguro-desemprego.

2. Horas extras

Ao contrário do alegado na peça vestibular, a autora trabalhava de segunda a sexta-feira, das 7 às 15 horas, sempre com uma hora de intervalo.

Não foi excedida a duração do trabalho de 8 horas diárias e 44 semanais (art. 7º, XIII, da Constituição), não havendo direito a horas extras. Deve ser rejeitada a referida pretensão.

3. Equiparação salarial

A autora não exercia a mesma função que Pedro de Melo. Este era auxiliar de limpeza. A autora exercia a função de copeira.

Indevidas as diferenças salariais postuladas e reflexos.

D) PEDIDO

Pede a reclamada que sejam acolhidas as preliminares de inépcia, extinguindo-se o processo sem julgamento de mérito, ou caso V. Exa. assim não entenda, que seja acolhida a prescrição, declarando-se prescritas as verbas anteriores a 2-3-2004.

No mérito, entende-se que a pretensão da autora deve ser rejeitada, devendo ser condenada nas custas e demais despesas processuais cabíveis.

Caso alguma verba seja deferida à autora, pede-se a aplicação da compensação de verbas já pagas sob o mesmo título, devendo os valores ser apurados em liquidação da sentença, excluindo-se os dias não trabalhados, férias, licenças, e de acordo com a evolução salarial da reclamante.

Devem ser autorizados os descontos do Imposto de Renda, calculado por ocasião do pagamento, e da contribuição previdenciária.

A correção monetária deve ser calculada a partir do 5º dia útil do mês seguinte ao vencido.

E) PROVAS

Protesta provar o alegado por todos os meios de prova em direito admitidos, sem exclusão de nenhum, especialmente pelo depoimento pessoal da autora, sob pena de confissão (Súmulas 74 do TST), oitiva de testemunhas, perícias, juntada de documentos e demais provas que se fizerem necessárias.

Nestes termos,

P. deferimento.

SP, ____

Advogado ____

OAB n. ____

RECONVENÇÃO

Reconvinte é o autor da reconvenção e réu na ação. Reconvindo é o réu na reconvenção e o autor da ação.

Não se discute mais o cabimento da reconvenção no processo do trabalho. Há omissão na CLT e compatibilidade com o processo do trabalho para se aplicar a reconvenção (art. 769 da CLT). Prestigia-se o princípio da economia processual com a reconvenção, pois ação e reconvenção serão julgados por uma única sentença.

Há necessidade de serem observados os requisitos do art. 343 do CPC.

Para ser proposta a reconvenção é preciso que a Justiça do Trabalho seja competente para apreciar a matéria alegada nessa peça.

Se a matéria puder ser alegada na contestação, a parte não terá interesse de agir para apresentar reconvenção.

O processo deve estar na fase de audiência para ser apresentada contestação.

O réu pode reconvir ao autor, no mesmo processo, sempre que a reconvenção seja conexa com a ação principal ou com o fundamento da defesa (art. 343 do CPC).

A reconvenção deve ser oferecida em peça apartada da contestação e não no próprio bojo desta, pois se trata de ação e não de defesa.

A petição inicial da reconvenção deverá atender aos requisitos do § 1º do art. 840 da CLT, sendo oferecida em petição escrita ou oralmente em 20 minutos em audiência. O prazo de 20 minutos será tanto para apresentar a contestação como a reconvenção.

Deve conter a petição inicial da reconvenção a autoridade a quem é dirigida, a causa de pedir, o pedido e o valor da causa.

Modelo de reconvenção

EXMO. SR. DR. JUIZ DA 33ª VARA DO TRABALHO DE SÃO PAULO

Proc. n. 123/11

Empresa de Parafusos Ltda. ME, por seu advogado que esta subscreve (doc. 1), vem, mui respeitosamente, à presença de V. Exa. propor RECONVENÇÃO contra José Martins, com fundamento no art. 343 do CPC, de acordo com as razões a seguir expostas.

O reconvindo causou prejuízos à empresa no valor de R$ 50.000,00, ao quebrar propositadamente uma peça de máquina, tendo sido perdida a produção de um dia, o que foi objeto da justa causa para o despedimento (doc. 2).

Seu contrato de trabalho tinha cláusula expressa no sentido de ser descontado da reconvinda, qualquer prejuízo por ela causado, na conformidade do § 1º do art. 462 da CLT (doc. 3).

Impõe-se ao reconvindo ser condenado a pagar à reconvinte o valor de R$ 50.000,00, devidamente corrigido e acrescido de juros de mora.

Protesta provar o alegado por todos os meios de prova em direito admitidos, sem exclusão de nenhum, especialmente pelo depoimento pessoal do reconvindo, sob pena de confissão (Súmula 74 do TST), oitiva de testemunhas, perícias, juntada de documentos e demais provas que se fizerem necessárias.

Dá à causa o valor de R$ 55.000,00.

Nestes termos,

P. deferimento.

SP, ____

Advogado ____

OAB n. ____

RÉPLICA

Não existe prazo para manifestação no processo do trabalho. A CLT não prevê prazo para apresentação de réplica. Entretanto, se o juiz o conceder cabe à parte se manifestar sobre a contestação e documentos no prazo que ele fixar. O momento da parte falar é em razões finais (art. 850 da CLT).

No procedimento sumaríssimo, a manifestação aos documentos deve ser feita na própria audiência (§ 1º do art. 852-H da CLT).

Modelo de réplica

EXMO. SR. DR. JUIZ DA 33ª VARA DO TRABALHO DE SÃO PAULO

Proc. n. 171/11

José da Silva, por seu advogado que esta subscreve, nos autos da reclamação trabalhista promovida contra Empresa Futura Ltda., vem, mui respeitosamente, à presença de Vossa Excelência, apresentar sua Réplica, de acordo com os fundamentos a seguir articulados.

No prazo da réplica de 15 dias, o requerente se manifesta sobre a contestação e documentos, conforme o prazo concedido em audiência.

Impugna o autor os documentos juntados com a inicial, especialmente aqueles que não têm assinatura do autor.

O horário de trabalho do autor não era o contido nos cartões de ponto, que são britânicos. Deve ser aplicada a Súmula 338, III, do TST, que mostra que a prova da jornada de trabalho é da empresa se os controles de ponto contêm jornada de trabalho invariável.

Nestes termos,

P. deferimento.

SP, ____

Advogado ____

OAB n. ____

INCIDENTE DE FALSIDADE

Pelo CPC, o incidente de falsidade deve ser alegado no prazo de 15 dias a contar da ciência do documento.

Modelo de incidente de falsidade de documento

EXMO. SR. DR. JUIZ DA 33ª VARA DO TRABALHO DE SÃO PAULO

Proc. n. 431/11

J. Jr., por seu advogado que esta subscreve, nos autos da reclamação trabalhista promovida contra Empresa Futura Ltda., vem, mui respeitosamente, à presença de Vossa Excelência, apresentar incidente de falsidade, com fundamento nos arts. 430 a 433 do CPC, de acordo com os fundamentos a seguir articulados.

No prazo da réplica de 15 dias, o requerente apresenta o incidente de falsidade.

O pedido de demissão do reclamante está visivelmente adulterado.

Houve alteração da data constante do documento de fls. 15. A assinatura constante do referido documento também não é do reclamante. Logo, é totalmente falso o seu conteúdo. Não prova, assim, o pedido de demissão.

Entende que deve ser dado vista da presente em 10 dias à parte contrária (art. 432 do CPC), designando perícia grafotécnica.

Requer a suspensão do processo.

Pelo exposto, deve ser declarada a falsidade do documento de fls. 15, que não prova o pedido de demissão do autor.

Nestes termos,

P. deferimento.

SP, ____

Advogado ____

OAB n. ____

SUSPENSÃO DO PROCESSO

Art. 313. Suspende-se o processo:

I – pela morte ou pela perda da capacidade processual de qualquer das partes, de seu representante legal ou de seu procurador;

II – pela convenção das partes;

III – pela arguição de impedimento ou de suspeição;

IV – pela admissão de incidente de resolução de demandas repetitivas;

V – quando a sentença de mérito:

a) depender do julgamento de outra causa ou da declaração de existência ou de inexistência de relação jurídica que constitua o objeto principal de outro processo pendente;

b) tiver de ser proferida somente após a verificação de determinado fato ou a produção de certa prova, requisitada a outro juízo;

VI – por motivo de força maior;

VII – quando se discutir em juízo questão decorrente de acidentes e fatos da navegação de competência do Tribunal Marítimo;

VIII – nos demais casos que este Código regula.

IX – pelo parto ou pela concessão de adoção, quando a advogada responsável pelo processo constituir a única patrona da causa;

X – quando o advogado responsável pelo processo constituir o único patrono da causa e tornar-se pai (art. 313 do CPC).

§ 1º Na hipótese do inciso I, o juiz suspenderá o processo, nos termos do art. 689 do CPC.

Não ajuizada ação de habilitação, ao tomar conhecimento da morte, o juiz determinará a suspensão do processo e observará o seguinte:

I – falecido o réu, ordenará a intimação do autor para que promova a citação do respectivo espólio, de quem for o sucessor ou, se for o caso, dos herdeiros, no prazo que designar, de no mínimo dois e no máximo seis meses;

II – falecido o autor e sendo transmissível o direito em litígio, determinará a intimação de seu espólio, de quem for o sucessor ou, se for o caso, dos herdeiros, pelos meios de divulgação que reputar mais adequados, para que manifestem interesse na sucessão processual e promovam a respectiva habilitação no prazo designado, sob pena de extinção do processo sem resolução de mérito.

No caso de morte do procurador de qualquer das partes, ainda que iniciada a audiência de instrução e julgamento, o juiz determinará que a parte constitua novo mandatário, no prazo de 15 dias, ao final do qual extinguirá o processo sem resolução de mérito, se o autor não nomear novo mandatário, ou ordenará o prosseguimento do processo à revelia do réu, se falecido o procurador deste.

O prazo de suspensão do processo nunca poderá exceder um ano nas hipóteses do inciso V e seis meses naquela prevista no inciso II.

O juiz determinará o prosseguimento do processo assim que esgotados os prazos.

No caso do inciso IX, o período de suspensão será de 30 dias, contado a partir da data do parto ou da concessão da adoção, mediante apresentação de certidão de nascimento ou documento similar que comprove a realização do parto, ou de termo judicial que tenha concedido a adoção, desde que haja notificação ao cliente. (Incluído pela Lei n. 13.363, de 2016)

No caso do inciso X, o período de suspensão será de oito dias, contado a partir da data do parto ou da concessão da adoção, mediante apresentação de certidão de nascimento ou documento similar que comprove a realização do parto, ou de termo judicial que tenha concedido a adoção, desde que haja notificação ao cliente.

Durante a suspensão é vedado praticar qualquer ato processual, podendo o juiz, todavia, determinar a realização de atos urgentes a fim de evitar dano irreparável, salvo no caso de arguição de impedimento e de suspeição (art. 314 do CPC).

Se o conhecimento do mérito depender de verificação da existência de fato delituoso, o juiz pode determinar a suspensão do processo até que se pronuncie a justiça criminal (art. 315 do CPC). Se a ação penal não for proposta no prazo de três meses, contado da intimação do ato de suspensão, cessará o efeito desse, incumbindo ao juiz cível examinar incidentemente a questão prévia. Proposta a ação penal, o processo ficará suspenso pelo prazo máximo de um ano, ao final do qual aplicar-se-á o disposto na parte final do § 1º.

Modelo de petição pedindo suspensão do processo

EXMO. SR. DR. JUIZ DA 33ª VARA DO TRABALHO DE SÃO PAULO

Proc. 171/16

José da Silva, por seu advogado que esta subscreve (doc. 1), na ação proposta contra Concessionária S Ltda., vem, mui respeitosamente, à presença de V. Exa. requerer o que segue.

O autor ajuizou ação postulando indenização por danos morais decorrente de acidente do trabalho.

Ajuizou o autor ação de acidente do trabalho contra o INSS, postulando aposentadoria por invalidez acidentária, perante a 1ª Vara de Acidentes do Trabalho de São Paulo.

Requer a suspensão do processo até que haja o trânsito em julgado da referida postulação, que influencia no resultado da indenização postulada.

Nestes termos,

P. deferimento.

SP, ____

Advogado ____

OAB n. ____

Capítulo 6

PROVA PERICIAL

A prova pericial é necessária no processo do trabalho para fins da apuração de insalubridade e de periculosidade (§ 2º do art. 195 da Constituição). Pode ser necessária para apurar doença profissional ou até para serem feitos cálculos.

No processo do trabalho, os exames periciais serão realizados por perito único designado pelo juiz, que fixará o prazo para entrega do laudo (art. 3º da Lei n. 5.584/70).

A prova pericial consiste em exame, vistoria ou avaliação. O juiz indeferirá a perícia quando:

- a prova do fato não depender do conhecimento especial de técnico;
- for desnecessária em vista de outras provas produzidas;
- a verificação for impraticável.

O juiz nomeará o perito, fixando de imediato o prazo para a entrega do laudo. Incumbe às partes, dentro em 15 dias, contados da intimação do despacho de nomeação do perito:

- indicar o assistente técnico;
- apresentar quesitos.

Quando a natureza do fato o permitir, a perícia poderá consistir apenas na inquirição pelo juiz do perito e dos assistentes, por ocasião da audiência de instrução e julgamento a respeito das coisas que houverem informalmente examinado ou avaliado.

O perito cumprirá escrupulosamente o encargo que lhe foi cometido, independentemente de termo de compromisso. Os assistentes técnicos são de confiança da parte, não sujeitos a impedimento ou suspeição.

O perito pode escusar-se (art. 157 do CPC), ou ser recusado por impedimento ou suspeição (art. 148, II, do CPC); ao aceitar a escusa ou acolher a impugnação, o juiz nomeará novo perito.

O perito pode ser substituído quando:

- carecer de conhecimento técnico ou científico;
- sem motivo legítimo, deixar de cumprir o encargo no prazo que lhe foi assinado.

No segundo caso, o juiz comunicará a ocorrência à corporação profissional respectiva, podendo, ainda, impor multa ao perito, fixada tendo em vista o valor da causa e o possível prejuízo decorrente do atraso no processo.

Poderão as partes apresentar, durante a diligência, quesitos suplementares, que poderão ser respondidos pelo perito previamente ou na audiência de instrução e julgamento (art. 469 do CPC). Da juntada dos quesitos aos autos dará o escrivão ciência à parte contrária.

Compete ao juiz:

- indeferir quesitos impertinentes;
- formular os que entender necessários ao esclarecimento da causa.

O juiz poderá dispensar prova pericial quando as partes, na inicial e na contestação, apresentarem sobre as questões de fato pareceres técnicos ou documentos elucidativos que considerar suficientes.

Quando a prova tiver de realizar-se por carta, poderá proceder-se à nomeação de perito e indicação de assistentes técnicos no juízo, ao qual se requisitar a perícia.

Para o desempenho de sua função, podem o perito e os assistentes técnicos utilizar-se de todos os meios necessários, ouvindo testemunhas, obtendo informações, solicitando documentos que estejam em poder de parte ou em repartições públicas, bem como instruir o laudo com plantas, desenhos, fotografias e outras quaisquer peças.

As partes terão ciência da data e local designados pelo juiz ou indicados pelo perito para ter início a produção da prova.

Tratando-se de perícia complexa, que abranja mais de uma área de conhecimento especializado, o juiz poderá nomear mais de um perito e a parte indicar mais de um assistente técnico.

Se o perito, por motivo justificado, não puder apresentar o laudo dentro do prazo, o juiz conceder-lhe-á, por uma vez, prorrogação, segundo o seu prudente arbítrio.

O perito apresentará o laudo em cartório, no prazo fixado pelo juiz, pelo menos 20 dias antes da audiência de instrução e julgamento.

Cada parte poderá indicar um assistente técnico, cujo laudo terá que ser apresentado no mesmo prazo assinado para o perito, sob pena de ser desentranhado dos autos. O assistente técnico da parte apresentará o laudo pericial no mesmo prazo do perito (parágrafo único do art. 3º da Lei n. 5.584/70).

No procedimento sumaríssimo, as partes serão intimadas a manifestar-se sobre o laudo, no prazo comum de cinco dias (§ 6º do art. 852-H da CLT).

Quando o exame tiver por objeto a autenticidade ou a falsidade de documento, ou for de natureza médico-legal, o perito será escolhido, de preferência, entre os técnicos dos estabelecimentos oficiais especializados. O juiz autorizará a remessa dos autos, bem como do material sujeito a exame, ao diretor do estabelecimento.

Quando o exame tiver por objeto a autenticidade da letra e firma, o perito poderá requisitar, para efeito de comparação, documentos existentes em repartições públicas; na falta destes, poderá requerer ao juiz que a pessoa, a quem se atribuir a autoria do documento, lance em folha de papel, por cópia, ou sob ditado, dizeres diferentes, para fins de comparação.

A parte, que desejar esclarecimento do perito e do assistente técnico, requererá ao juiz que mande intimá-lo a comparecer à audiência, formulando desde logo as perguntas, sob forma de quesitos.

O perito e o assistente técnico só estarão obrigados a prestar os esclarecimentos, quando intimados 10 dias antes da audiência.

O juiz não está adstrito ao laudo pericial, podendo formar a sua convicção com outros elementos ou fatos provados nos autos.

O juiz poderá determinar, de ofício ou a requerimento da parte, a realização de nova perícia, quando a matéria não lhe parecer suficientemente esclarecida.

A segunda perícia tem por objeto os mesmos fatos sobre que recaiu a primeira e destina-se a corrigir eventual omissão ou inexatidão dos resultados a que esta conduziu.

A segunda perícia rege-se pelas disposições estabelecidas para a primeira. A segunda perícia não substitui a primeira, cabendo ao juiz apreciar livremente o valor de uma e outra.

A responsabilidade pelo pagamento dos honorários periciais é da parte sucumbente na pretensão objeto da perícia, ainda que beneficiária da justiça gratuita (art. 790-B da CLT). Ao fixar o valor dos honorários periciais, o juízo deverá respeitar o limite máximo estabelecido pelo Conselho Superior da Justiça do Trabalho. O juízo poderá deferir parcelamento dos honorários periciais. O juízo não poderá exigir adiantamento de valores para realização de perícias. Somente no caso em que o beneficiário da justiça gratuita não tenha obtido em juízo créditos capazes de suportar a despesa, ainda que em outro processo, a União responderá pelo encargo.

Modelo de quesitos para perícia

EXMO SR. DR. JUIZ DA 33ª VARA DO TRABALHO DE SÃO PAULO

Proc. n. 123/88

J. Jr., por seu advogado que esta subscreve, nos autos da ação proposta contra Empresa Brasileira de Pirataria Ltda., vem, mui respeitosamente, à presença de Vossa Excelência indicar seu assistente técnico e apresentar os quesitos da perícia.

Indica como assistente técnico o médico Juca de Mello, com consultório na Rua do Cipó, 44, Santo Amaro, São Paulo-SP, telefone.

Apresenta os seguintes quesitos:

1) Qual era o local de trabalho do autor?

2) Quais eram as tarefas desempenhadas pelo autor?

3) O autor usava equipamento de proteção individual?

4) A empresa substituía esses equipamentos com frequência?

5) Os referidos equipamentos tinham certificado de aprovação?

6) Quais são os agentes insalubres que eram adversos à saúde do autor?

7) O autor tinha contato com elementos perigosos? Quais eram eles?

Protesta pela apresentação de quesitos complementares ou suplementares.

Nestes termos,

P. deferimento.

SP, ____

Advogado ____

OAB n. ____

Capítulo 7

RAZÕES FINAIS

Terminada a instrução processual, o juiz concede o prazo de 10 minutos para cada parte apresentar suas razões finais (art. 850 da CLT). Se houver mais de um réu no polo passivo, cada um terá direito a 10 minutos para apresentar suas razões finais.

Modelo de razões finais

EXMO. SR. DR. JUIZ DA 33ª VARA DO TRABALHO DE SÃO PAULO

Proc. n. 431/11

M. A., por seu advogado que esta subscreve, nos autos da reclamação trabalhista promovida contra Tintas G. Ltda., vem, mui respeitosamente, à presença de Vossa Excelência, apresentar suas RAZÕES FINAIS, de acordo com os fundamentos a seguir articulados.

1. Entende o autor que as horas extras pedidas na peça vestibular foram provadas.

Os cartões de ponto, como já foi dito na réplica, não refletem a jornada de trabalho, pois não eram assinados pelo autor, nem por ele anotados, mas pelo apontador.

A testemunha João comprovou que o autor trabalhava em média das 8 às 21 horas, tendo uma hora de intervalo, de segunda a sexta-feira. A segunda testemunha do autor afirmou o mesmo horário.

As testemunhas da reclamada nada comprovaram. A primeira não trabalhava com o autor. A segunda foi contraditada por ter interesse na solução do processo, não podendo seu depoimento ser considerado, tanto que foi ouvida como informante do juízo.

2. A reclamada, por outro lado, não pagou as férias de 1997-1998. O documento juntado aos autos pela empresa refere-se ao período de 1998-1999, que realmente o autor já recebeu e que sequer é objeto do pedido.

Pelo exposto, pede o acolhimento total do pedido, devendo a reclamada ser condenada na forma do postulado na inicial.

Nestes termos,

P. deferimento.

SP, ____

Advogado ____

OAB n. ____

SEGUNDA PROPOSTA DE CONCILIAÇÃO

Terminadas as razões finais, o juiz renova a proposta de conciliação (art. 850 da CLT), que é a segunda. Há julgados que entendem que a segunda proposta de conciliação é a mais importante. Se não for feita, acarretará nulidade. Não sendo obtida a conciliação, o juiz profere a sentença.

Capítulo 8

SENTENÇA

Na sentença, o juiz deverá resolver as postulações contidas nos autos feitas pelas partes.

As sentenças podem ser:

- definitivas: são as decisões que definem ou resolvem o conflito;
- terminativas: são as decisões em que se extingue o processo sem se analisar o mérito da questão;
- interlocutórias: são as decisões que revolvem questões incidentes no processo.

Os efeitos da sentença podem ser:

- declaratórios: são as sentenças que declaram a existência ou inexistência da relação jurídica (art. 19, I, do CPC) ou a autenticidade ou falsidade do documento (art. 19, II, do CPC);
- constitutivos: de criar, modificar ou extinguir certa relação jurídica;
- condenatórios: de condenar a pagar alguma coisa, a fazer ou não fazer algo.

A sentença deverá conter relatório, fundamentação e dispositivo.

No relatório, o juiz vai apresentar os principais aspectos do processo.

Na fundamentação, o juiz irá motivar a sua decisão, dizendo por que decide desta ou daquela forma. Todas as decisões do Poder Judiciário devem ser fundamentadas, sob pena de nulidade (art. 93, IX, da Constituição).

Não se considera fundamentada qualquer decisão judicial, seja ela interlocutória, sentença ou acórdão, que:

- se limitar à indicação, à reprodução ou à paráfrase de ato normativo, sem explicar sua relação com a causa ou a questão decidida;
- empregar conceitos jurídicos indeterminados, sem explicar o motivo concreto de sua incidência no caso;
- invocar motivos que se prestariam a justificar qualquer outra decisão;
- não enfrentar todos os argumentos deduzidos no processo capazes de, em tese, infirmar a conclusão adotada pelo julgador;
- se limitar a invocar precedente ou enunciado de súmula, sem identificar seus fundamentos determinantes nem demonstrar que o caso sob julgamento se ajusta àqueles fundamentos;
- deixar de seguir enunciado de súmula, jurisprudência ou precedente invocado pela parte, sem demonstrar a existência de distinção no caso em julgamento ou a superação do entendimento.

No caso de colisão entre normas, o juiz deve justificar o objeto e os critérios gerais da ponderação efetuada, enunciando as razões que autorizam a interferência na norma afastada e as premissas fáticas que fundamentam a conclusão.

A decisão judicial deve ser interpretada a partir da conjugação de todos os seus elementos e em conformidade com o princípio da boa-fé (§ 3º do art. 489 do CPC).

O juiz é livre na apreciação da prova, atendendo aos fatos e circunstâncias constantes dos autos, ainda que não alegados pelas partes, mas deverá indicar, na sentença, os motivos que lhe formaram o convencimento (art. 371 do CPC).

A sentença poderá: extinguir o processo sem julgamento de mérito, como por inépcia; resolver o mérito da pretensão.

Nos dissídios individuais e nos dissídios coletivos do trabalho, nas ações e procedimentos de competência da Justiça do Trabalho, bem como nas demandas propostas perante a Justiça Estadual, no exercício da jurisdição trabalhista, as custas relativas ao processo de conhecimento incidirão à base de 2%, observado o mínimo de R$ 10,64 e o máximo de quatro vezes o limite máximo dos benefícios do Regime Geral de Previdência Social, e serão calculadas (art. 789 da CLT):

I – quando houver acordo ou condenação, sobre o respectivo valor;

II – quando houver extinção do processo, sem julgamento do mérito, ou julgado totalmente improcedente o pedido, sobre o valor da causa;

III – no caso de procedência do pedido formulado em ação declaratória e em ação constitutiva, sobre o valor da causa;

IV – quando o valor for indeterminado, sobre o que o juiz fixar.

As custas serão pagas pelo vencido, após o trânsito em julgado da decisão. No caso de recurso, as custas serão pagas e comprovado o recolhimento dentro do prazo recursal.

É facultado aos juízes, órgãos julgadores e presidentes dos tribunais do trabalho de qualquer instância conceder, a requerimento ou de ofício, o benefício da justiça gratuita, inclusive quanto a traslados e instrumentos, àqueles que perceberem salário igual ou inferior a 40% (quarenta por cento) do limite máximo dos benefícios do Regime Geral de Previdência Social (§ 3º do art. 790 da CLT).

O benefício da justiça gratuita será concedido à parte que comprovar insuficiência de recursos para o pagamento das custas do processo.

Modelo de sentença

Proc. n. 123/11

recte.: S. da Silva

recda.: Lavanderia Tudo Limpo Ltda.

Aos 12 dias de dezembro de 2011, às 13 horas, sob a presidência do juiz Sergio Pinto Martins, foram apregoadas as partes.

Ausentes as partes.

Prejudicada a proposta final de conciliação.

Submetido o processo a julgamento, foi proferida a seguinte

SENTENÇA

I - RELATÓRIO

S. da Silva, qualificado a fls. 2, ajuizou ação trabalhista contra Lavanderia Tudo Limpo Ltda., alegando ter sido admitido em 1º-1-1991 e dispensado em 31-12-2010. Laborava das 8 às 20 horas, de segunda a sexta-feira, com uma hora de intervalo. Não recebeu as horas prestadas além da oitava. A empresa não pagou as verbas rescisórias. Pede as verbas contidas a fls. 3. Deu à causa o valor de R$ 1.000,00. Juntou procuração e documentos.

Contesta a ré afirmando que o autor foi demitido por justa causa, por desídia. O reclamante trabalhava das 8 às 17, com uma hora de intervalo, de segunda a quinta, e às sextas das 8 às 16 horas. Não houve prestação de horas extras. Pede a improcedência da ação. Juntou procuração e documentos.

Réplica do reclamante de fls. 15.

Ouvidos os depoimentos pessoais e duas testemunhas em relação a cada uma das partes.

Conciliação prejudicada.

É o relatório.

II – FUNDAMENTOS

1. Justa causa

O ônus da prova da dispensa por justa causa é do empregador. Trata-se de fato impeditivo do direito do obreiro às verbas rescisórias, que deve ser provado pela empresa (art. 818, II, da CLT).

Em razão do princípio da continuidade da relação de emprego e da presunção que se estabelece de que o obreiro é dispensado sem justa causa, as demais hipóteses de cessação do contrato de trabalho devem ser provadas pelo empregador, como no caso da dispensa por justa causa. Pelo princípio da razoabilidade, um homem comum e normal não vai ser dispensado por justa causa.

Assim, a pena trabalhista mais severa, que é a rescisão do contrato de trabalho por justo motivo, deve ser provada pelo empregador, de modo a não restar dúvidas da conduta do obreiro e não se cometa injustiça.

A prova da justa causa não foi feita pela empresa.

Inexiste prova nos autos de o autor ter praticado qualquer ato com desídia. As testemunhas da reclamada nada se referiram a tal fato.

Deve a ré pagar ao autor aviso prévio, férias mais terço constitucional, 13º salário proporcional no valor de R$ 1.000,00. Deverá, também, a reclamada liberar o FGTS, acrescido da indenização de 40% (§ 1º do art. 18 da Lei n. 8.036/90).

2. Horas extras

A prova da jornada de trabalho era do autor, por se tratar de fato constitutivo do seu direito (art. 818, I, da CLT). Não basta serem feitas meras alegações (*allegatio et non probatio quasi non allegatio*).

No Digesto já se verificava que "a prova é ônus de quem afirma e não de quem nega a existência de um fato" (XXII, 3, 2).

Como afirma Mascardus, "quem não pode provar é como quem nada tem; aquilo que não é provado é como se não existisse; não poder ser provado, ou não ser é a mesma coisa" (Apud ALMEIDA JR., João Mendes de. *Direito judiciário brasileiro*. São Paulo: Saraiva, 1960, p. 172).

As horas extras foram provadas pelo autor.

As duas testemunhas do autor provaram que o postulante prestava serviços das 8 às 20 horas, de segunda a sexta-feira, com uma hora de intervalo.

São devidas como extras as horas trabalhadas além da oitava diária.

O adicional de horas extras será o previsto nas normas coletivas juntadas aos autos, observados seus períodos de vigência.

Haverá reflexos nos 13ºs salários (Súmula 45 do TST), DSR's (Súmula 172 do TST), férias (§ 5º do art. 142 da CLT), aviso prévio (§ 5º do art. 487 da CLT) e FGTS (Súmula 63 do TST) mais 40%.

3. Multa

Nas questões em que o juiz deverá dizer o direito das partes, como, *v.g.*, na discussão sobre o vínculo de emprego, a multa não poderá ser aplicada. A justificativa é a de que a empresa tem direito de submeter à apreciação do Poder Judiciário a discussão em torno de "lesão ou ameaça a direito", princípio consagrado constitucionalmente no inciso XXXV do art. 5º da Lei Fundamental. Na apreciação da justa causa, a questão somente será dirimida na sentença, não se podendo falar em atitude protelatória da empresa para o não pagamento das verbas rescisórias que estão submetidas ao crivo do Poder Judiciário, justamente porque para ela não seriam devidas. No mesmo sentido a jurisprudência:

> "Art. 477 da CLT. Em sendo discutível a relação jurídica, não há se falar em multa do art. 477, da CLT, instituída tão somente para os casos regulados pelo artigo em questão, onde o pressuposto é a relação de emprego incontroversa e a intenção deliberada do empregador de não quitar os títulos reconhecidamente devidos" (TRT 2ª R., 3ª T., RO 2930479242, Ac. 2950282991, rel. Maria de Fátima Ferreira dos Santos, *DOE* SP 25-7-1995, p. 27).

A empresa não reconhece que deve verbas ao reclamante. Logo, não há atraso no pagamento das verbas rescisórias. Indevida a multa do § 8º do art. 477 da CLT.

4. Imposto de renda

Determina o art. 46 da Lei n. 8.541/92 que "o imposto sobre a renda incidente sobre os rendimentos pagos em cumprimento de decisão judicial será retido na fonte pela pessoa física ou jurídica obrigada ao pagamento, no momento em que, por qualquer forma, o rendimento se torne disponível para o beneficiário". Reza o § 2º da mesma norma que "quando se tratar de rendimento sujeito a aplicação da tabela progressiva, deverá ser utilizada a tabela vigente no mês de pagamento".

A retenção do imposto de renda na fonte decorre do art. 46 da Lei n. 8.541/92 e do Provimento n. 1/96 da Corregedoria do TST. O art. 45 do CTN estabelece que a lei pode atribuir à fonte pagadora da renda a condição de responsável pela retenção e pagamento do imposto, que é o que faz a Lei n. 8.541/92.

Informa o inciso II da Súmula 368 do TST que é do empregador a responsabilidade pelo recolhimento das contribuições previdenciárias e fiscais, resultante de crédito do empregado oriundo de condenação judicial, devendo incidir, em relação aos descontos fiscais, sobre o valor total da condenação, referente às parcelas tributáveis, calculado ao final, nos termos do art. 46 da Lei n. 8.541/92 e do Provimento da CGJT n. 1/96.

O cálculo do imposto de renda deve ser feito na forma do art. 12-A e seus parágrafos da Lei n. 7.713/88, que passou a estabelecer critérios para o cálculo do imposto de renda em relação a pagamentos acumulados.

Se o valor do imposto de renda for recolhido em importância superior à devida, o autor poderá apresentar declaração para haver eventual diferença recolhida a mais durante o ano, como lhe faculta a legislação.

A Súmula 493 do STF não trata do tema retenção de imposto de renda na fonte em relação às verbas que estão sendo deferidas ao reclamante.

5. Contribuição previdenciária

Deverá o recolhimento das contribuições previdenciárias ser procedido também pelo reclamante na parte que lhe cabe, conforme a definição de salário de contribuição, nos termos do art. 43 da Lei n. 8.212/91 e também de acordo com os Provimentos n. 1/96 e 2/93 da Corregedoria do TST. Tanto o empregado como o empregador têm a sua cota, sendo que a parte do empregado também deve ser deduzida na forma da lei. O § 5º do art. 33 da Lei n. 8.212/91 diz respeito às contribuições descontadas do salário do empregado no curso do contrato de trabalho e não recolhidas pelo empregador. A verba apenas foi reconhecida na sentença, que tem efeito declaratório, e depende do seu trânsito em julgado.

A Orientação Jurisprudencial 32 da SDI do TST entende que são devidos os descontos da contribuição previdenciária e de imposto de renda.

Estabelece o inciso III da Súmula 368 do TST que, em se tratando de descontos previdenciários, o critério de apuração está disciplinado no art. 276, § 4º, do Decreto n. 3.048/99, que regulamentou a Lei n. 8.212/91 e determina que a contribuição do empregado, no caso de ações trabalhistas, seja calculada mês a mês, aplicando-se as alíquotas previstas no art. 198, observado o limite máximo do salário de contribuição.

No desconto será observado o teto da contribuição do empregado, observando-o mês a mês.

O inciso VIII do art. 114 da Constituição mostra que o fato gerador da contribuição previdenciária é a competência e não o pagamento, pois faz referência a acréscimos legais, que só existem se for observado o critério de competência. Do contrário, não haverá acréscimos legais quando do pagamento das verbas salariais devidas ao empregado no regime de caixa.

O inciso I do art. 22 da Lei n. 8.212/91 mostra que a contribuição incide sobre a remuneração, paga, devida ou creditada. No mesmo sentido o inciso I do art. 28 da Lei n. 8.212/91, que define o que é salário de contribuição. A sentença apenas reconhece que a verba era devida e indiretamente que o fato gerador da contribuição previdenciária já ocorreu, que era o fato de a remuneração ser devida.

Destaque-se que o INSS não reconhece o tempo de serviço do empregado quando há um único pagamento.

Hoje, a aposentadoria é por tempo de contribuição. Há necessidade de provar, portanto, o tempo de contribuição do empregado, o que é feito mês a mês, e não englobadamente num único pagamento.

O art. 26 da Lei n. 8.213/91 define período de carência como o tempo correspondente ao número mínimo de contribuições mensais indispensáveis para que o beneficiário faça jus ao benefício, consideradas a partir do transcurso do primeiro dia dos meses de suas competências. Assim, o período de carência para o empregado fazer jus ao benefício é verificado em meses. Isso indica o recolhimento mensal da contribuição.

Entender de forma contrária poderá trazer prejuízo ao segurado no futuro, que terá dificuldade na comprovação mensal do pagamento das contribuições, e o INSS indeferirá o benefício.

O cálculo, portanto, será feito mês a mês. A alíquota a ser observada é a do mês da competência.

As regras de incidência ou não incidência têm previsão no art. 28 da Lei n. 8.212/91 e seu § 9º.

6. Correção monetária

A época própria para o pagamento dos salários é até o quinto dia útil subsequente ao mês vencido, na forma do § 1º do art. 459 da CLT. A correção monetária deve, portanto, observar a época em que a verba se tornou devida. Se a lei estabelece a faculdade que o empregador tem de pagar salários no 5º dia útil, não se pode entender que o salário é devido no próprio mês da prestação de serviço para efeito de correção monetária. Entender de forma contrária é negar vigência ao § 1º do art. 459 da CLT. A época em que o empregador é constituído em mora é a partir do 5º dia útil do não pagamento dos salários. A correção monetária deve ser calculada da mesma forma. O salário somente é pago após a prestação dos serviços. Fazer a correção monetária antes do pagamento do salário é determinar a atualização monetária antes mesmo de o salário ser devido.

Não se pode confundir a aquisição do direito ao salário, que é feita no curso do mês, e a data do seu recebimento, em que se verifica ser após a prestação de serviços, até o 5º dia útil do mês seguinte ao vencido.

Somente quando o salário passa a ser legalmente exigível é que se pode falar em atualização monetária, isto é, quando poderá ser feita a correção monetária. Esta somente é devida depois do vencimento da obrigação, e não antes. O empregador somente é constituído em mora no 5º dia útil do mês seguinte ao vencido. O próprio art. 39 da Lei n. 8.177/91 menciona que a correção monetária é feita a partir do vencimento da obrigação, devendo ser observada a época definida em lei. A lei que define a questão é exatamente o § 1º do art. 459 da CLT.

Não se pode pagar o salário no 5º dia útil do mês seguinte ao vencido e adotar a correção monetária do mês da prestação dos serviços, pois seria empregar dois pesos e duas medidas.

Esclarece a Súmula 381 do TST que o pagamento dos salários até o 5º dia útil do mês subsequente ao vencido não está sujeito à correção monetária. Se essa data limite for ultrapassada, incidirá o índice da correção monetária do mês subsequente ao da prestação dos serviços, a partir do dia 1º.

A correção monetária das verbas rescisórias será aplicada na forma do § 6º do art. 477 da CLT.

7. Honorários de advogado

O art. 133 da Constituição não trata de honorários de advogado, mas apenas que o advogado é indispensável à administração da Justiça. A Lei n. 8.906/94 não modificou a questão, segundo o entendimento do STF, pois não revogou o art. 791 da CLT.

Honorários de advogado à razão de 10% sobre o valor que resultar da liquidação da sentença (art. 791-A da CLT), pois a causa não é complexa.

8. Compensação

As verbas pagas sob os mesmos títulos serão descontadas das devidas.

Serão observados os dias trabalhados no cálculo das horas extras, excluídas faltas, férias e licenças.

III - DISPOSITIVO

Pelo exposto, à vista dos fatos e dos fundamentos acima mencionados, e por tudo o mais que dos autos consta, acolho em parte a pretensão de S. DA SILVA na ação proposta contra LAVANDERIA TUDO LIMPO LTDA., determinando que a segunda pague ao primeiro: horas extras e integrações, aviso prévio, férias mais terço constitucional, 13º salário proporcional no valor de R$ 1.000,00, devendo a empresa liberar o FGTS, acrescido da indenização de 40%. Juros sobre o valor da condenação corrigido (Súmula 200 do TST), na forma da lei. Correção monetária, contribuições previdenciárias e imposto de renda, na forma da fundamentação. Honorários de advogado à razão de 10% sobre o valor que resultar da liquidação da sentença. Os valores serão apurados em liquidação de sentença por cálculos.

Custas pela ré sobre o valor arbitrado de R$ 10.000,00, no importe de R$ 200,00.

Intimem-se as partes. Nada mais.

Sergio Pinto Martins

Juiz do Trabalho

Diretor de Secretaria ____

Modelo de pedido de revisão do valor da causa

EXMO. SR. DR. JUIZ DA 33ª VARA DO TRABALHO DE SÃO PAULO

Proc. n. 123/11

M. & CIA. LTDA., por seu advogado que esta subscreve, nos autos da ação trabalhista proposta por B. T., vem, mui respeitosamente, à presença de V. Exa. apresentar PEDIDO DE REVISÃO ao valor da causa, com fundamento no § 2º do art. 2º da Lei n. 5.584/70, de acordo com as razões anexas.

Nestes termos,

P. deferimento.

SP, ____

Advogado ____

OAB n. ____

RAZÕES

EXMO. SR. DR. JUIZ PRESIDENTE DO E. TRIBUNAL REGIONAL DO TRABALHO DA 2ª REGIÃO

Impõe-se a revisão do valor da causa, que está em descompasso com o inciso I do art. 292 do CPC.

Somando-se as verbas postuladas pelo autor, ultrapassam mais de R$ 1.000,00. O próprio pedido de horas extras, se eventualmente deferido, na quantidade apontada na inicial, ultrapassa R$ 800,00.

Da forma como foi dado o valor à causa, está se impedindo o direito da recorrente ao duplo grau de jurisdição, pois, caso mantido o valor da causa, nenhum recurso caberá da sentença, a não ser de matéria constitucional, que não é ventilada no processo.

Pelo exposto, espera que seja revisto o valor da causa e fixado em R$ 1.800,00, como medida de inteira Justiça.

Nestes termos,

P. deferimento.

SP, ____

Advogado ____

OAB n. ____

Capítulo 9

RECURSOS

O prazo dos recursos foi uniformizado: será de 8 dias o prazo para interpor e contra-arrazoar qualquer recurso (art. 6º da Lei n. 5.584/70).

Os recursos trabalhistas só têm efeito devolutivo (art. 899 da CLT).

Os recursos trabalhistas são: ordinário (art. 895 da CLT), de revista (art. 896 da CLT), embargos (art. 894 da CLT), agravo de petição (art. 897, *a*, da CLT), agravo de instrumento (art. 897, *b*, da CLT).

RECURSO ORDINÁRIO

O recurso ordinário é previsto no art. 895 da CLT. É semelhante à apelação do processo civil, porém é previsto na CLT.

Cabe o recurso ordinário:

- das decisões definitivas ou terminativas do juiz do trabalho e do juiz de Direito no prazo de 8 dias;
- das decisões definitivas ou terminativas dos Tribunais Regionais do Trabalho, em processos de sua competência originária, no prazo de 8 dias, tanto para os dissídios individuais (mandado de segurança, *habeas corpus* e ação rescisória), como nos dissídios coletivos.

O empregador, se for condenado em pecúnia, deverá pagar as custas do processo e fazer o depósito recursal para poder recorrer.

As custas são recolhidas sob o código 8019.

O depósito recursal será feito em conta vinculada ao juízo e corrigido com os mesmos índices da poupança (§ 4º do art. 899 da CLT). O valor do depósito recursal será reduzido pela metade para entidades sem fins lucrativos, empregadores domésticos, microempreendedores individuais, microempresas e empresas de pequeno porte. São isentos do depósito recursal os beneficiários da justiça gratuita, as entidades filantrópicas e as empresas em recuperação judicial. O depósito recursal poderá ser substituído por fiança bancária ou seguro garantia judicial.

Os limites legais do depósito recursal são de: R$ 9.189,00 para o recurso ordinário; recurso de revista, embargos e recurso extraordinário: R$ 18.378,00; no agravo de instrumento deve-se depositar metade do valor do depósito do recurso que se pretende destrancar.

A comprovação do depósito da condenação terá de ser feita dentro do prazo para a interposição do recurso, sob pena de ser este considerado deserto (art. 7º da Lei n. 5.584/70).

A petição da interposição do recurso é dirigida ao juiz de primeiro grau que proferiu a sentença.

As razões para a reforma da sentença são dirigidas ao presidente do Tribunal Regional do Trabalho.

Modelo de recurso ordinário

EXMO. SR. DR. JUIZ DA 33ª VARA DO TRABALHO DE SÃO PAULO

Proc. n. 123/11

A. R., por seu advogado que esta subscreve, na ação proposta contra LOJAS M. LTDA., vem, mui respeitosamente, à presença de Vossa Excelência, interpor RECURSO ORDINÁRIO, com fundamento no inciso I do art. 895 da CLT, de acordo com as razões anexas à presente.

Nestes termos,

P. deferimento.

SP, ____

Advogado ____

OAB n. ____

RAZÕES DO RECURSO

EGRÉGIO TRIBUNAL

COLENDA TURMA

1) A. R. propôs reclamação trabalhista contra Lojas M. Ltda. pedindo o pagamento das verbas rescisórias. A empresa se defendeu alegando justa causa por condenação criminal do autor.

A sentença rejeitou a pretensão do recorrente, com o argumento de que realmente o autor estava condenado criminalmente, não mais podendo laborar para a empresa.

2) Ao contrário do entendimento da douta Vara, a alínea *d* do art. 482 da CLT é clara no sentido de que ocorre justa causa quando haja "condenação criminal do empregado, passada em julgado, caso não tenha havido suspensão da execução da pena".

O juiz admite que houve suspensão da execução da pena, conforme se verifica pelo documento de fls. 15 e na sentença de fls. 32. Logo, não poderia haver justa causa para o despedimento.

A empresa deverá, assim, pagar as verbas rescisórias na forma do pedido, impondo-se a reforma da r. sentença de fls. 31-2.

Nessas condições, espera o recorrente seja conhecido e provido o presente recurso ordinário para determinar o pagamento das verbas rescisórias na forma do pedido, fazendo-se a necessária Justiça.

Nestes termos,

P. deferimento.

SP, ____

Advogado ____

OAB n. ____

CONTRARRAZÕES DE RECURSO ORDINÁRIO

Interposto o recurso, será intimado o recorrido para oferecer as suas razões em prazo igual ao que tiver o recorrente (art. 900 da CLT). Geralmente, o recorrido terá 8 dias para apresentar suas contrarrazões.

Modelo de contrarrazões de recurso ordinário

EXMO. SR. DR. JUIZ DA 33ª VARA DO TRABALHO DE SÃO PAULO

Proc. n. 123/11

LOJAS M. LTDA., por seu advogado que esta subscreve, nos autos da ação proposta por A. R., vem, mui respeitosamente, à presença de Vossa Excelência, apresentar suas CONTRARRAZÕES ao recurso ordinário interposto pelo reclamante, com fundamento no art. 900 da CLT, de acordo com os fundamentos anexos à presente.

Nestes termos,

P. deferimento.

SP, ____

Advogado ____

OAB n. ____

RAZÕES

EGRÉGIO TRIBUNAL

COLENDA TURMA

O reclamante propôs a ação visando o pagamento das verbas rescisórias. Sua pretensão foi rejeitada pelo juiz de primeiro grau.

Decidiu muito bem o juiz ao verificar que o autor foi condenado criminalmente, não mais podendo laborar na empresa.

Os documentos de fls. 15 não demonstram que houve a suspensão condicional da pena. Logo, deve ser mantida a r. sentença, não havendo qualquer violação à alínea *d* do art. 482 da CLT.

Nestas condições, espera o recorrido seja mantida a r. sentença, por seus próprios e doutos fundamentos.

Nestes termos,

P. deferimento.

SP, ____

Advogado ____

OAB n. ____

PARECER DO MPT

Antes de o processo ser enviado ao juiz relator no tribunal, será enviado para o Ministério Público do Trabalho para parecer. O procurador do trabalho terá 8 dias para proferir o parecer, a contar do recebimento do processo (art. 5º da Lei n. 5.584/70).

Modelo de parecer do Ministério Público do Trabalho

Proc. TRT n.

Recorrente: União Federal

Recorrido: Empresa Já Vai Ltda.

PARECER

Apresenta recurso ordinário a União postulando que seja excluída do polo passivo da ação, por não ter fundamento legal a responsabilidade subsidiária deferida.

É o relatório.

Passo a opinar.

A União deve responder de forma subsidiária, pois foi beneficiária da prestação de serviços do autor, além de haver culpa pelo fato de não ter fiscalizado o recolhimento do FGTS e da contribuição previdenciária.

Ocorre na hipótese dos autos culpa *in eligendo*, pela escolha inadequada da empresa prestadora de serviços e culpa *in vigilando*, por não haver a correta fiscalização da primeira quanto ao pagamento das verbas trabalhistas ao autor.

O TST tem orientação tranquila sobre o tema no inciso V da Súmula 331.

Deve ser negado provimento ao recurso ordinário da União.

É o parecer,

s.m.j.

SP, ____

Procurador do Trabalho ____

ACÓRDÃO

No tribunal o processo terá designado um relator. Muitos tribunais ainda têm o revisor, pois julgam matéria de fato. No dia do julgamento haverá um terceiro juiz.

Em alguns tribunais regionais as Turmas são compostas de 5 juízes, como prevê a CLT.

No dia do julgamento, o relator vai ler o seu relatório.

Em seguida as partes podem fazer sustentação oral, no prazo fixado no Regimento Interno do Tribunal Regional.

O relator irá proferir o seu voto. Primeiro vai examinar se é o caso de conhecer do recurso, examinando os pressupostos objetivos e subjetivos do recurso. Depois há o voto do revisor e, em seguida, vota o terceiro juiz.

Acórdão do Tribunal Regional do Trabalho

Acórdão julgando recurso ordinário

Proc. n. 2003

4ª Vara do Trabalho de São Paulo

Recorrente: Francisco da Silva

Recorrido: Empresa Plano Ltda.

Vistos, relatados e discutidos estes autos.

I – RELATÓRIO

Interpõe recurso ordinário o reclamante afirmando que exercia a mesma função que o paradigma, com idêntica perfeição técnica e produtividade. Deve ser dado provimento ao recurso para modificar a sentença.

Contrarrazões de fls. 51-53.

Parecer do Ministério Público de fls. 55.

É o relatório.

II - CONHECIMENTO

O recurso é tempestivo. Houve isenção do pagamento das custas (fls. 43). Conheço do recurso por estarem presentes os requisitos legais.

III - FUNDAMENTAÇÃO

VOTO

Alegou o reclamante na inicial que exercia idêntica função à do paradigma, com a mesma produtividade e perfeição técnica. Cabia, portanto, ao recorrente comprovar suas alegações, ônus probatório estabelecido no art. 818 da CLT.

O próprio autor, em depoimento pessoal, confessou que, quando iniciou no almoxarifado, o paradigma já fazia os serviços de almoxarifado de componentes desde 2000.

O tempo inferior a dois anos para que um empregado tenha direito à equiparação é na função e não no emprego.

Verifica-se do depoimento do paradigma, testemunha do reclamante, que, além do tempo superior a dois anos na função, declarado pelo próprio autor, em depoimento pessoal, o modelo substituía seus superiores, o que não acontecia com o recorrente; que, quando substituía o encarregado, o reclamante era seu subordinado, sendo o paradigma quem resolvia problemas de atendimento junto aos clientes, assim como as obrigações fiscais, além de fazer o ajuste contábil do estoque, tarefas não executadas pelo reclamante na vigência do contrato de trabalho. Anteriormente a 1996 trabalhavam no mesmo almoxarifado, porém o depoente era inventariante, fazia a contagem de peças de estoque, e o reclamante abastecia a linha de montagem nesse período (fls. 25-6).

A equiparação salarial diz respeito ao exercício das funções idênticas, não à capacidade do empregado para exercê-las.

O depoimento pessoal da reclamada indica que reclamante e paradigma trabalhavam no mesmo setor, porém exerciam funções diferentes, ocupando cargos diversos.

Assim, não tendo o recorrente comprovado nos autos que suas funções eram idênticas às do paradigma, nem que as tarefas desempenhadas pelo reclamante durante a vigência do contrato de trabalho tinham igual produtividade, mesma perfeição técnica, e ainda assim houve diferença de tempo na função superior a dois anos, não tem direito o recorrente à equiparação salarial postulada.

IV - DISPOSITIVO

Pelo exposto, ACORDAM os Magistrados da 18ª Turma do Tribunal Regional do Trabalho da Segunda Região em: conhecer do recurso, por atendidos os pressupostos legais, e, no mérito, negar-lhe provimento, mantendo a sentença. Fica mantido o valor arbitrado para a condenação. É o meu voto.

Sergio Pinto Martins
Juiz relator

Modelo de recurso ordinário em mandado de segurança

EXMO. SR. DR. JUIZ PRESIDENTE DO TRIBUNAL REGIONAL DO TRABALHO DA 2ª REGIÃO

Proc. n. 123/11

Mário Alberto, por seu advogado que esta subscreve, na ação proposta contra Empresa de Transporte Já Vai LTDA., vem, mui respeitosamente, à presença de Vossa Excelência, interpor RECURSO ORDINÁRIO em mandado de segurança, com fundamento no inciso II do art. 895 da CLT, de acordo com as razões anexas à presente.

Nestes termos,

P. deferimento.

SP, ____

Advogado ____

OAB n. ____

RAZÕES DO RECURSO

EGRÉGIO TRIBUNAL SUPERIOR DO TRABALHO

COLENDA SEÇÃO DE DISSÍDIOS INDIVIDUAIS II

1) O recorrente impetrou mandado de segurança contra ato do juiz da 33ª Vara do Trabalho de São Paulo na ação proposta contra Empresa de Transporte Já Vai Ltda., em razão de que tem direito a justiça gratuita e não pode pagar os honorários prévios periciais.

A SDI-1 do Tribunal Regional do Trabalho da 2ª Região extinguiu o mandado de segurança sem julgamento de mérito, sob o fundamento de que cabe recurso da decisão do juiz.

2) Ao contrário do entendimento adotado, a Orientação Jurisprudencial 98 da SBDI-2 do TST mostra que "é ilegal a exigência de depósito prévio para custeio dos honorários periciais, dada a incompatibilidade com o processo do trabalho, sendo cabível o mandado de segurança visando à realização da perícia, independentemente de depósito".

O recorrente tem direito à justiça gratuita, pois juntou declaração de pobreza nos autos do processo 123/11 da 33ª Vara do Trabalho de São Paulo, que está copiada nestes autos a fls. 55.

Nessas condições, espera o recorrente seja conhecido e provido o presente recurso ordinário para determinar a dispensa do pagamento dos honorários prévios do perito, fazendo-se a necessária Justiça.

Nestes termos,

P. deferimento.

SP, ____

Advogado ____

OAB n. ____

Modelo de recurso ordinário em ação rescisória

EXMO. SR. DR. JUIZ PRESIDENTE DO TRIBUNAL REGIONAL DO TRABALHO DA 2ª REGIÃO

Proc. n. 666/11

Empresa Boa Viagem Ltda., por seu advogado que esta subscreve, na ação proposta contra Mário Américo, vem, mui respeitosamente, à presença de Vossa Excelência, interpor RECURSO ORDINÁRIO em ação rescisória, com fundamento no inciso II do art. 895 da CLT, de acordo com as razões anexas à presente.

Nestes termos,

P. deferimento.

SP, ____

Advogado ____

OAB n. ____

RAZÕES DO RECURSO

EGRÉGIO TRIBUNAL SUPERIOR DO TRABALHO

COLENDA SEÇÃO DE DISSÍDIOS INDIVIDUAIS II

1) A recorrente ajuizou ação rescisória contra a decisão do juiz da 33ª Vara do Trabalho de São Paulo na ação proposta por Mário Américo. A decisão que transitou em julgado determinou que o adicional de insalubridade deve ser calculado sobre a remuneração.

A SDI-1 do Tribunal Regional do Trabalho da 2ª Região rejeitou seu pedido contido na ação rescisória de desconstituir a decisão que transitou em julgado.

2) A decisão do E. Tribunal Regional do Trabalho da 2ª Região viola o art. 192 da CLT, que determina que o adicional de insalubridade deve ser calculado sobre o salário mínimo.

Enquanto não houver lei tratando do assunto, o STF entende que o adicional de insalubridade deve ser calculado sobre o salário mínimo.

A Confederação Nacional da Indústria propôs a Reclamação 6.266-0-MC/DF contra a Súmula 228 do STF. O Presidente do STF entendeu, mediante decisão monocrática, por suspender a Súmula 228 do TST "na parte em que permite a utilização do salário básico para calcular o adicional de insalubridade" (15-7-2008). O STF entende que enquanto não for editada nova lei, deve ser adotado o salário mínimo como base de cálculo do adicional de insalubridade. Essa decisão acaba sendo contraditória, pois o Pleno do STF diz que o adicional de insalubridade não pode ter por base o salário mínimo, e depois o Presidente do STF menciona que, enquanto não for editada lei, a base de cálculo do adicional de insalubridade é o salário mínimo.

A Orientação Jurisprudencial 2 da SBDI-2 do TST afirma que "viola o art. 192 da CLT decisão que acolhe pedido de adicional de insalubridade com base na remuneração do empregado".

Há, portanto, violação a literal dispositivo de lei (art. 966, V, do CPC), que é o art. 192 da CLT. Cabível, portanto, a ação rescisória para que seja desconstituída a sentença, determinando-se que o adicional de insalubridade seja calculado com base no salário mínimo.

Nessas condições, espera o recorrente seja conhecido e provido o presente recurso ordinário para determinar a desconstituição da sentença que transitou em julgado, determinando que o adicional de insalubridade deve ser calculado sobre o salário mínimo.

Nestes termos,

P. deferimento.

SP, ____

Advogado ____

OAB n. ____

RECURSO DE REVISTA

O recurso de revista é cabível para Turma do Tribunal Superior do Trabalho das decisões proferidas em grau de recurso ordinário, em dissídio individual, pelos Tribunais Regionais do Trabalho, quando:

- derem ao mesmo dispositivo de lei federal interpretação diversa da que lhe houver dado outro Tribunal Regional, no seu Pleno ou Turma, ou a Seção de Dissídios Individuais do Tribunal Superior do Trabalho, ou a Súmula de Jurisprudência Uniforme dessa Corte ou Súmula Vinculante do Supremo Tribunal Federal;
- derem ao mesmo dispositivo de lei estadual, Convenção Coletiva de Trabalho, Acordo Coletivo, sentença normativa ou regulamento empresarial de observância obrigatória em área territorial que exceda a jurisdição do Tribunal Regional prolator da decisão recorrida, interpretação divergente, na forma do primeiro item;
- proferidas com violação literal de disposição de lei federal ou afronta direta e literal à Constituição.

O recurso de revista será interposto perante o Presidente do TRT, que, por decisão fundamentada, poderá recebê-lo ou denegá-lo.

O TST examinará no recurso de revista previamente se a causa oferece transcendência com relação aos reflexos gerais de natureza econômica, política, social ou jurídica (art. 896-A da CLT). São indicadores de transcendência, entre outros: I – econômica, o elevado valor da causa; II – política, o desrespeito da instância recorrida à jurisprudência sumulada do Tribunal Superior do Trabalho ou do

Supremo Tribunal Federal; III – social, a postulação, por reclamante-recorrente, de direito social constitucionalmente assegurado; IV – jurídica, a existência de questão nova em torno da interpretação da legislação trabalhista.

Poderá o relator, monocraticamente, denegar seguimento ao recurso de revista que não demonstrar transcendência, cabendo agravo desta decisão para o colegiado.

Em relação ao recurso que o relator considerou não ter transcendência, o recorrente poderá realizar sustentação oral sobre a questão da transcendência, durante cinco minutos em sessão.

Mantido o voto do relator quanto à não transcendência do recurso, será lavrado acórdão com fundamentação sucinta, que constituirá decisão irrecorrível no âmbito do tribunal.

É irrecorrível a decisão monocrática do relator que, em agravo de instrumento em recurso de revista, considerar ausente a transcendência da matéria.

O juízo de admissibilidade do recurso de revista exercido pela Presidência dos Tribunais Regionais do Trabalho limita-se à análise dos pressupostos intrínsecos e extrínsecos do apelo, não abrangendo o critério da transcendência das questões nele veiculadas.

Sob pena de não reconhecimento, é ônus da parte:

a) indicar o trecho da decisão recorrida que consubstancia o prequestionamento da controvérsia objeto de recurso de revista;

b) indicar, de forma explícita e fundamentada, contrariedade a dispositivo de lei, súmula ou orientação jurisprudencial do TST que conflite com a decisão regional;

c) expor as razões do pedido de reforma, impugnando todos os fundamentos jurídicos da decisão recorrida, inclusive mediante demonstração analítica de cada dispositivo de lei, da Constituição, de súmula ou orientação jurisprudencial cuja contrariedade aponte;

d) transcrever na peça recursal, no caso de suscitar preliminar de nulidade de julgado por negativa de prestação jurisdicional, o trecho dos embargos declaratórios em que foi pedido o pronunciamento do tribunal sobre questão veiculada no recurso ordinário e o trecho da decisão regional que rejeitou os embargos quanto ao pedido, para cotejo e verificação, de plano, da ocorrência da omissão.

O relator do recurso de revista poderá denegar-lhe seguimento, em decisão monocrática, nas hipóteses de intempestividade, deserção, irregularidade de representação ou de ausência de qualquer outro pressuposto extrínseco ou intrínseco de admissibilidade.

A divergência apta a ensejar o recurso de revista deve ser atual, não se considerando como tal a ultrapassada por súmula do Tribunal Superior do Trabalho ou do Supremo Tribunal Federal, ou superada por iterativa e notória jurisprudência do Tribunal Superior do Trabalho.

Quando o recurso fundar-se em dissenso de julgados, incumbe ao recorrente o ônus de produzir prova da divergência jurisprudencial, mediante certidão, cópia ou citação do repositório de jurisprudência, oficial ou credenciado, inclusive em mídia eletrônica, em que houver sido publicada a decisão divergente, ou ainda pela reprodução de julgado disponível na internet, com indicação da respectiva fonte, mencionando, em qualquer caso, as circunstâncias que identifiquem ou assemelhem os casos confrontados.

Cabe recurso de revista por violação à lei federal, por divergência jurisprudencial e por ofensa à Constituição nas execuções fiscais e nas controvérsias da fase de execução que envolvam a Certidão Negativa de Débitos Trabalhistas (CNDT), criada pela Lei n. 12.440/2011.

Quando o recurso tempestivo contiver defeito formal que não se repute grave, o Tribunal Superior do Trabalho poderá desconsiderar o vício ou mandar saná-lo, julgando o mérito.

Da decisão denegatória caberá agravo, no prazo de 8 dias.

Dada a relevância da matéria, por iniciativa de um dos membros da Seção Especializada em Dissídios Individuais do Tribunal Superior do Trabalho, aprovada pela maioria dos integrantes da Seção, o julgamento a que se refere o § 3º poderá ser afeto ao Tribunal Pleno.

Aplicam-se ao recurso de revista, no que couber, as normas do CPC, relativas ao julgamento dos recursos extraordinários e especial repetitivos (art. 896-B da CLT).

Quando houver a multiplicidade de recursos de revista fundados em idêntica questão de direito, a questão poderá ser afetada à Seção Especializada em Dissídios Individuais ou ao Tribunal Pleno, por decisão da maioria simples de seus membros, mediante requerimento de um dos Ministros que compõem a Seção Especializada, considerando a relevância da matéria ou a existência de entendimentos divergentes entre os Ministros dessa Seção ou das Turmas do Tribunal.

O Presidente da Turma ou da Seção Especializada, por indicação dos relatores, afetará um ou mais recursos representativos da controvérsia para julgamento pela Seção Especializada em Dissídios Individuais ou pelo Tribunal Pleno, sob o rito dos recursos repetitivos.

O Presidente da Turma ou da Seção Especializada que afetar processo para julgamento sob o rito dos recursos repetitivos deverá expedir comunicação aos demais Presidentes da Turma ou de Seção Especializada, que poderão afetar outros processos sobre a questão para julgamento conjunto, a fim de conferir ao órgão julgador visão global da questão.

O Presidente do Tribunal Superior do Trabalho oficiará os Presidentes dos Tribunais Regionais do Trabalho para que suspendam os recursos interpostos em casos idênticos aos afetados como recursos repetitivos, até pronunciamento definitivo do Tribunal Superior do Trabalho.

Caberá ao Presidente do Tribunal de origem admitir um ou mais recursos representativos da controvérsia, os quais serão encaminhados ao Tribunal Superior do Trabalho, ficando suspensos os demais recursos de revista até o pronunciamento definitivo do Tribunal Superior do Trabalho.

O relator no Tribunal Superior do Trabalho poderá determinar a suspensão dos recursos de revista ou de embargos que tenham como objeto controvérsia idêntica à do recurso afetado como repetitivo.

O recurso repetitivo será distribuído a um dos Ministros membros da Seção Especializada ou do Tribunal Pleno e a um Ministro revisor.

O relator poderá solicitar, aos Tribunais Regionais do Trabalho, informações a respeito da controvérsia, a serem prestadas no prazo de 15 dias.

O relator poderá admitir manifestação de pessoa, órgão ou entidade com interesse na controvérsia, inclusive como assistente simples, na forma do CPC.

Recebidas as informações e, se for o caso, após cumprido o disposto no § 7º deste artigo, terá vista o Ministério Público pelo prazo de 15 dias.

Transcorrido o prazo para o Ministério Público e remetida cópia do relatório aos demais Ministros, o processo será incluído em pauta na Seção Especializada ou no Tribunal Pleno, devendo ser julgado com preferência sobre os demais feitos.

Publicado o acórdão do Tribunal Superior do Trabalho, os recursos de revista sobrestados na origem:

- terão seguimento denegado na hipótese de o acórdão recorrido coincidir com a orientação a respeito da matéria no Tribunal Superior do Trabalho; ou
- serão novamente examinados pelo Tribunal de origem na hipótese de o acórdão recorrido divergir da orientação do Tribunal Superior do Trabalho a respeito da matéria.

Na hipótese prevista no inciso II do § 11 deste artigo, mantida a decisão divergente pelo Tribunal de origem, far-se-á o exame de admissibilidade do recurso de revista.

Caso a questão afetada e julgada sob o rito dos recursos repetitivos também contenha questão constitucional, a decisão proferida pelo Tribunal Pleno não obstará o conhecimento de eventuais recursos extraordinários sobre a questão constitucional.

Aos recursos extraordinários interpostos perante o Tribunal Superior do Trabalho será aplicado o procedimento previsto no art. 1.036 do CPC, cabendo ao Presidente do Tribunal Superior do Trabalho selecionar um ou mais recursos representativos da controvérsia e encaminhá-los ao Supremo Tribunal Federal, sobrestando os demais até o pronunciamento definitivo da Corte, na forma do § 1º do art. 1.036 do CPC.

O Presidente do Tribunal Superior do Trabalho poderá oficiar os Tribunais Regionais do Trabalho e os Presidentes das Turmas e da Seção Especializada do Tribunal para que suspendam os processos idênticos aos selecionados como recursos representativos da controvérsia e encaminhados ao Supremo Tribunal Federal, até o seu pronunciamento definitivo.

A decisão firmada em recurso repetitivo não será aplicada aos casos em que se demonstrar que a situação de fato ou de direito é distinta das presentes no processo julgado sob o rito dos recursos repetitivos.

Caberá revisão da decisão firmada em julgamento de recursos repetitivos quando se alterar a situação econômica, social ou jurídica, caso em que será respeitada a segurança jurídica das relações firmadas sob a égide da decisão anterior, podendo o Tribunal Superior do Trabalho modular os efeitos da decisão que a tenha alterado.

A admissibilidade do recurso de revista por violação tem como pressuposto a indicação expressa do dispositivo de lei ou da Constituição tido como violado (Súmula 221 do TST).

É válida para a comprovação da divergência jurisprudencial justificadora do recurso a indicação de aresto extraído de repositório oficial na Internet, desde que o recorrente:

- transcreva o trecho divergente;
- aponte o sítio de onde foi extraído; e
- decline o número do processo, o órgão prolator do acórdão e a data da respectiva publicação no Diário Eletrônico da Justiça do Trabalho (Súmula 337, IV, do TST).

A invocação expressa no recurso de revista dos preceitos legais ou constitucionais tidos como violados não significa exigir da parte a utilização das expressões "contrariar", "ferir", "violar" etc. (OJ 257 da SBDI-1 do TST).

Incabível o recurso de revista (art. 896 da CLT) para reexame de fatos e provas (Súmula 126 do TST).

Terá o recurso de revista efeito meramente devolutivo (art. 899 da CLT). Não terá efeito suspensivo.

As razões de reforma da decisão serão apresentadas à turma do TST.

Modelo de recurso de revista

EXMO. SR. DR. JUIZ PRESIDENTE DO EGRÉGIO TRIBUNAL REGIONAL DO TRABALHO DA 2ª REGIÃO

Proc. n. 2900252908

C. Ind. de Plásticos e Espumas Ltda., por seu advogado que esta subscreve, nos autos da reclamação trabalhista proposta por L.B., proc. n. TRT 2900252908, não se conformando com a r. decisão da 2ª Turma deste tribunal, vem, mui respeitosamente, à presença de V. Exa. interpor RECURSO DE REVISTA, com fundamento nas alíneas *a* e *c* do art. 896 da CLT, de acordo com as razões anexas à presente.

Nestes termos,

P. deferimento.

SP, ____

Advogado ____

OAB n. ____

RAZÕES DO RECURSO DE REVISTA

EGRÉGIO TRIBUNAL SUPERIOR DO TRABALHO

COLENDA TURMA

A) Os fatos

O acórdão modificou a sentença para determinar que o adicional de insalubridade deve ser calculado sobre a remuneração do empregado.

B) O Direito

O presente apelo é cabível pela letra *a* do art. 896 da CLT.

Indica como acórdão divergente o adotado pela 2ª Turma do TRT da 3ª Região:

> "Adicional de insalubridade-base de cálculo. Constituição. A nova Constituição Federal não alterou a base de cálculo do adicional de insalubridade, no inciso XXIII do art. 7º,

para que seja calculado sobre o valor da remuneração" (Ac. un. da 2ª T. do TRT da 3ª R., RO 3.738/89, j. 3-4-1090, rel. Juiz José Menotti Gaetani, Minas Gerais II, *DJ* 4-5-1990, p. 559-60, *Repertório IOB de Jurisprudência*, n. 11/90, caderno 2, p. 179, ementa 2/3.833).

O acórdão do TRT de origem é claro em calcular o adicional de insalubridade sobre o salário contratual do empregado.

O adicional de insalubridade é calculado sobre o salário mínimo (art. 192 da CLT).

Estabelece o inciso XXIII do art. 7º da Lei Maior "adicional de remuneração para as atividades insalubres, na forma da lei". O cálculo do adicional de insalubridade continua a ser feito sobre um determinado valor previsto na legislação ordinária, mas não sobre a remuneração.

Há que se entender que o sentido da palavra *remuneração* a que se refere a Lei Fundamental é o do verbo remunerar e não propriamente a remuneração de que trata o art. 457 da CLT.

O STF entende que o adicional de insalubridade deve ser calculado sobre o salário mínimo enquanto não houver lei tratando do tema.

O inciso XXIII do art. 7º da Constituição não prevê que o adicional de insalubridade incida sobre a remuneração.

Logo, houve violação ao art. 192 da CLT. É cabível o recurso de revista pela alínea *c* do art. 896 da CLT.

C) Pedido

Espera que o presente apelo seja conhecido pelas letras *a* e *c* do art. 896 da CLT e provido, reformando-se o r. acórdão, determinando que o adicional de insalubridade incida sobre o salário mínimo.

Nestes termos,

P. deferimento.

SP, ____

Advogado ____

OAB n. ____

DECISÃO DO PRESIDENTE DO TRIBUNAL REGIONAL DO TRABALHO

RECURSO DE:

Recurso enviado por petição eletrônica.

PRESSUPOSTOS EXTRÍNSECOS

Tempestivo o recurso (decisão publicada em fl. 151; recurso apresentado em fl. 158).

Regular a representação processual, fl(s). 33-36v, 81 e 118.

Satisfeito o preparo (fls. 119-120 e 179).

PRESSUPOSTOS INTRÍNSECOS

Alegações:

- contrariedade à(s) Súmula(s) 338 do colendo Tribunal Superior do Trabalho.

- violação do(s) art. 5º, II; art. 5º, LV; art. 93, IX, da Constituição.

- violação do(a) Consolidação das Leis do Trabalho, art. 74, § 2º;

Art. 832.

- divergência jurisprudencial indicada a partir da fl. 161.

Sustenta a ocorrência de negativa de prestação jurisdicional, ao argumento de que a sentença restou omissa, pois não analisou os dispositivos legais apontados e não indicou o fundamento legal que amparou o entendimento de que as comissões pleiteadas eram em relação à venda de papéis, e não em relação ao pagamento de PPE. De outro lado, alega que houve omissão de sentença quanto ao fundamento que respaldou a condenação em uma hora extra diária pela supressão do intervalo intrajornada. Defende que ocorreu cerceamento de defesa e pugna pela reforma das decisões que o condenaram ao pagamento de multa por embargos de declaração protelatórios.

Consta do v. acórdão:

> "2.1.1. Da multa por embargos de declaração protelatórios (cerceamento de defesa e negativa de prestação jurisdicional)
>
> A sentença que apreciou os embargos de declaração do réu entendeu que havia intuito protelatório e por isso o condenou no pagamento de 1% sobre o valor da causa.
>
> Pois bem.
>
> Depreende-se da sentença embargada que o MM. Juízo de origem, ao tratar da remuneração da reclamante e deferir o pagamento da integração das comissões (fls. 76vo), só poderia estar se referindo à verba denominada 'Programa Próprio Específico' (PPE), porquanto a causa de pedir e o pedido de integração das comissões se basearam exclusivamente nesta verba. Frise-se, não existe qualquer pretensão na exordial relativa às demais comissões mensais consignadas nos recibos de pagamento, mas tão somente aos pagamentos semestrais a título de PPE.
>
> No mais, também se verifica omissão na sentença com relação aos fundamentos para a condenação de horas extras por violação do intervalo intrajornada, tampouco quanto ao fato gerador das contribuições previdenciárias, como alegado nos embargos declaratórios.
>
> Manifesta, portanto, a intenção de protelar o feito, já que houve pronunciamento judicial sobre todas as matérias invocadas nos embargos de declaração.
>
> Mantenho."

Inicialmente, é relevante destacar que, conforme jurisprudência pacífica do C. TST, consubstanciada pela Orientação Jurisprudencial 115 da SDI-1, somente por violação dos arts. 489 do CPC, 832 da CLT ou 93, IX, da Constituição pode ser admitido o conhecimento de Recurso de Revista pela preliminar da nulidade por negativa de prestação jurisdicional, motivo pelo qual revela-se inócua eventual arguição de que a alegada falta da prestação jurisdicional resultaria em violação a disposição diversa.

Por outro lado, no caso dos autos, não há que se cogitar de negativa da prestação jurisdicional, tampouco de malferimento aos arts. 832 da CLT ou 93, IX, da Constituição, uma vez que o v. Acórdão hostilizado está fundamentado com clareza, analisando os pontos essenciais de sua conclusão, sendo que as matérias apontadas foram devidamente apreciadas.

Quanto à alegação do cerceamento de defesa e violação do art. 5º, LV, da Constituição, verifica-se que o devido processo legal, que compreende a ampla defesa, com os meios e recursos a ela inerentes, e o contraditório, têm sua operatividade disciplinada pela legislação infraconstitucional, e somente se demonstrado desacerto quanto à aplicação dessas regras infraconstitucionais é que se pode, indireta e reflexivamente, cogitar de lesão ao dispositivo em análise, hipótese que não viabiliza o recurso de revista na forma prevista no permissivo legal.

Em relação à aplicação da multa prevista no § 2º do art. 1.026 do CPC, em razão da interposição de embargos protelatórios, destaque-se que decorre da avaliação subjetiva da Corte Regional sobre as razões dos embargos, o que não é suscetível de controle pelo Tribunal *ad quem*, salvo na hipótese de inobservância dos princípios da razoabilidade e da proporcionalidade na imposição da penalidade ao litigante, o que não ocorreu.

Por fim, ressalte-se que, em se tratando de condenação ao pagamento da multa prevista no § 2º do art. 1.026 do CPC por Embargos de Declaração protelatórios, se mostra inviável o conhecimento do Recurso por divergência jurisprudencial, haja vista a ausência de identidade das premissas fáticas consignadas na decisão recorrida e nos arestos indicados como paradigmas (Precedente: E-ED-RR-540/1997-012-01-40,4, Rel. Min. João Batista Brito Pereira, *DJ* 21/8/2009).

Alegação(ões):

- violação do(a) Lei n. 1.060/50, art. 2º, parágrafo único; art. 4º;

Consolidação das Leis do Trabalho, art. 790, § 3º.

- divergência jurisprudencial indicada a partir da fl. 178.

Defende que a recorrida não apresentou prova concreta de que receba quantia inferior a dois salários mínimos e que houve a constituição de advogado particular, estando ausentes os requisitos para a concessão dos benefícios da justiça gratuita.

Consta do v. acórdão:

> "2.1.6. Da justiça gratuita
>
> O benefício que visa propiciar ao demandante necessitado a isenção das custas e despesas processuais, é questão que diz respeito apenas ao reclamante e ao órgão judiciário. Preenchidos os requisitos legais e formada a convicção do juízo a respeito da imprescindibilidade do benefício, o seu eventual indeferimento em nada beneficiaria a recorrente, razão pela qual não vislumbro interesse recursal neste ponto."

Não há como se admitir o apelo para reapreciação do julgado, uma vez que as razões recursais não impugnam os fundamentos da decisão recorrida, nos termos em que foi proferida (ausência de interesse recursal), restando ausente o requisito de admissibilidade inscrito no art. 1.010, *in casu* II, do CPC. Nesse sentido, o direcionamento dado pela Súmula 422 da C. Corte Superior, cujo teor é o seguinte:

> "Súmula n. 422 – Recurso. Apelo que não ataca os fundamentos da decisão recorrida. Não conhecimento. Art. 1.010, II, do CPC. Não se conhece de recurso para o TST, pela ausência do requisito de admissibilidade inscrito no art. 1.010, II, do CPC, quando as razões do recorrente não impugnam os fundamentos da decisão recorrida, nos termos em que fora proposta."

CONCLUSÃO

DENEGO seguimento ao Recurso de Revista.

Após a publicação, decorrido o prazo legal sem a interposição de recurso, os autos retornarão à Vara de origem, ficando dispensada a emissão de certidão de trânsito em julgado.

Cumpridas as formalidades legais, remetam-se os autos ao Colendo TST.

Intimem-se.

SP, ____

Presidente do TRT ____

RECURSO DE REVISTA EM PROCEDIMENTO SUMARÍSSIMO

No procedimento sumaríssimo somente será admitido recurso de revista por contrariedade a súmula de jurisprudência uniforme do Tribunal Superior do Trabalho ou a Súmula Vinculante do STF e violação direta da Constituição da República (§ 9º do art. 896 da CLT).

Não se admite recurso de revista em procedimento sumaríssimo por violação à Orientação Jurisprudencial do TST (Súmula 442 do TST).

Modelo de recurso de revista em procedimento sumaríssimo

EXMO. SR. DR. JUIZ PRESIDENTE DO EGRÉGIO TRIBUNAL REGIONAL DO TRABALHO DA 2ª REGIÃO

Proc. n. 2900252908

Maria da Silva, por seu advogado que esta subscreve, nos autos da reclamação trabalhista proposta contra Empresa de Projéteis Ltda., proc. n. TRT 2900252908, não se conformando com a r. decisão da 2ª Turma deste tribunal, vem, mui respeitosamente, à presença de V. Exa. interpor RECURSO DE REVISTA, com fundamento no § 9º do art. 896 da CLT, de acordo com as razões anexas à presente.

Nestes termos,

P. deferimento.

SP, ____

Advogado ____

OAB n. ____

RAZÕES DO RECURSO DE REVISTA

EGRÉGIO TRIBUNAL SUPERIOR DO TRABALHO

COLENDA TURMA

A) Os fatos

O acórdão modificou a sentença explicando que o empregador deve ter conhecimento do estado de gravidez da empregada.

B) O Direito

A referida decisão é contrária à previsão da Súmula 244, I, do TST, que não exige que o empregador tenha conhecimento do estado de gravidez da empregada.

Dispõe a referida Súmula: "o desconhecimento do estado gravídico pelo empregador não afasta o direito ao pagamento da indenização decorrente da estabilidade (art. 10, II, *b*, do ADCT)".

O STF entende que o empregador não precisa ter conhecimento da gravidez da empregada.

É cabível, portanto, o recurso de revista na forma do § 9º do art. 896 da CLT.

Tem direito ao pagamento dos salários e reflexos do período de garantia de emprego da gestante, em razão de que tal período já se expirou e não pode mais ser reintegrada.

C) Pedido

Espera que o presente apelo seja conhecido e provido, reformando-se o r. acórdão, determinando que pagamento dos salários e reflexos do período de garantia de emprego da gestante.

Nestes termos,

P. deferimento.

SP, ____

Advogado ____

OAB n. ____

RECURSO DE REVISTA EM AGRAVO DE PETIÇÃO

Só caberá recurso de revista em agravo de petição se houver violação direta e literal da Constituição (§ 2º do art. 896 da CLT).

Modelo de recurso de revista em agravo de petição

EXMO. SR. DR. JUIZ PRESIDENTE DO EGRÉGIO TRIBUNAL REGIONAL DO TRABALHO DA 2ª REGIÃO

Proc. n. 2900252908

Cachaçaria SantoMé S/A, por seu advogado que esta subscreve, nos autos da reclamação trabalhista proposta por Chica da Silva, proc. n. TRT 2900252908, não se conformando com a r. decisão da 3ª Turma deste tribunal, vem, mui respeitosamente, à presença de V. Exa.

interpor RECURSO DE REVISTA, com fundamento no § 2º do art. 896 da CLT, de acordo com as razões anexas à presente.

Nestes termos,

P. deferimento.

SP, ____

Advogado ____

OAB n. ____

RAZÕES DO RECURSO DE REVISTA

EGRÉGIO TRIBUNAL SUPERIOR DO TRABALHO

COLENDA TURMA

1) Os fatos

O acórdão modificou a sentença explicando que os juros devem ser contados de forma retroativa e capitalizados.

2) O Direito

A referida decisão aplica juros de forma retroativa e não respeita o ato jurídico perfeito, pois os juros têm de ser aplicados a partir da vigência da Lei n. 8.177/91.

Houve, portanto, violação direta e literal do inciso XXXVI do art. 5º da Constituição, pois o TRT aplicou os juros de forma retroativa, de forma capitalizada.

O TST tem a Súmula 307, que já analisou o tema e não foi respeitada pelo tribunal de origem.

3) Pedido

Espera que o presente apelo seja conhecido e provido, reformando-se o r. acórdão, determinando que os juros sejam calculados à razão de 1% ao mês, de forma simples e a partir da vigência da Lei n. 8.177/91.

Nestes termos,

P. deferimento.

SP, ____

Advogado ____

OAB n. ____

ACÓRDÃO EM RECURSO DE REVISTA

No julgamento do recurso de revista votam três ministros no TST, que são os que compõem a Turma. No TST existe relator, mas não existe revisor, pois não se discute matéria de fato.

Modelo de acórdão em recurso de revista

PROCESSO: RR ____ NÚMERO ____ ANO ____

ACÓRDÃO

2ª TURMA

Vistos, relatados e discutidos estes autos de Recurso de Revista n. TST-RR-298426/96.1, em que é Recorrente ESTADO e Recorrida Maria da Silva.

O Egrégio Quarto Regional, pelo julgado de fls. 72-80, confirmou a decisão primária, mantendo a condenação ao pagamento do adicional de insalubridade em grau máximo, parcelas vencidas e vincendas, com reflexos em horas extras, férias, 13º salário e FGTS calculado com base no Piso Nacional de Salários durante a vigência do Decreto-Lei n. 2.351/87 e, após, sobre o salário mínimo.

Embargos Declaratórios opostos pelo Reclamado (fls. 83-84) foram rejeitados pela decisão de fls. 89-91.

Irresignado, recorre de Revista o Estado-demandado (fls. 93-107), com fulcro no art. 896 do Diploma Consolidado.

Despacho de admissibilidade a fls. 149-150.

Não foram apresentadas contrarrazões (certidão de fl. 151 verso).

O Ministério Público do Trabalho, em parecer exarado a fls. 155-157, oficia pelo não conhecimento do Recurso.

É o relatório.

VOTO

I - PRELIMINAR DE NULIDADE DO ACÓRDÃO REGIONAL POR NEGATIVA DE PRESTAÇÃO JURISDICIONAL

1) CONHECIMENTO

O Recorrente entende que o Regional incorreu em negativa de prestação jurisdicional ao não se manifestar sobre pontos omissos indicados nos Embargos Declaratórios a respeito do pagamento do adicional de insalubridade em parcelas vincendas e sobre a violação do disposto nos arts. 3º e 4º, II, do Decreto-Lei n. 2.351/87. Aponta violação do arts. 832 da CLT; 371, 489, II, e 1.013 do CPC; 5º, XXXV e LIV, e 93, IX, da Constituição; e 1º, V, do Decreto-Lei n. 779/69. Traz arestos.

Não evidenciada, contudo, a nulidade ora suscitada.

Sobre as matérias apontadas pelo Recorrente, assim se pronunciou o douto Colegiado *a quo*, ao apreciar os Embargos Declaratórios, *verbis*:

"Constata-se, portanto, que as questões objeto dos Declaratórios foram devidamente esclarecidas e fundamentadas, além de prequestionadas".

Nesse passo, entendo que a Corte Regional não vulnerou a literalidade dos dispositivos legais e constitucionais invocados pelo Recorrente. A divergência jurisprudencial transcrita, por seu turno, não se mostra apta a viabilizar o apelo, eis que oriunda de Turmas do TST.

NÃO CONHEÇO da prefacial de nulidade.

II – ADICIONAL DE INSALUBRIDADE – GRAU MÁXIMO

1) CONHECIMENTO

O Colegiado Regional entendeu como de grau máximo a insalubridade existente na atividade da Reclamante, confirmando a decisão de primeiro grau quanto à condenação ao pagamento do adicional respectivo, deduzidos os valores já pagos pelo Estado a este título.

Indica o Recorrente violação da Portaria n. 3.214/78, NR 15, Anexo 14, bem como afronta aos arts. 5º, *caput* e II, e 37, *caput*, da Constituição. Traz arestos.

Inicialmente, esclareça-se que a imputação de afronta à Portaria n. 3.214/78 não se enquadra em nenhuma das hipóteses elencadas no art. 896 da CLT.

Quanto aos dispositivos constitucionais tidos por violados, registre-se que o Tribunal Regional não emitiu juízo explícito acerca dos mesmos e o Demandado não provocou a manifestação a respeito nos Embargos Declaratórios que opôs. Incide, *in casu*, o disposto no Enunciado 297 do TST.

Dos arestos colacionados a fls. 98-99, verifica-se que nem todos estão aptos ao confronto. Assim, o 1º paradigma é oriundo de Turma do TST, não se enquadrando nos requisitos do art. 896 consolidado. O 4º (RO-4087/85) e o 7º (RO-8803/88) não trazem a fonte de publicação e as cópias ou certidões de autenticação não vieram aos autos (Súmula 337 do TST).

Quanto ao 2º aresto (REO-381/89), o trecho reproduzido nas razões recursais não corresponde ao conteúdo do acórdão anexado na íntegra a fls. 117-119.

O 5º aresto (RO-6697/88), cuja cópia e certidão de autenticação estão a fls. 109-116, revela-se inespecífico, a teor da Súmula 296 do TST, porquanto a decisão regional não questionou o emprego de produtos de limpeza.

Restam o 3º e o 6º julgados, com cópias e certidões, respectivamente a fls. 121-125 e 126-129. No que diz respeito ao 3º (RO-5002/87), o trecho transcrito não revela o quadro fático em que se apoiou a decisão.

Todavia o 6º aresto (REO-263/88, a fls. 99) retrata hipótese em que serventes de escola, encarregadas da limpeza de banheiros, tiveram a insalubridade em grau máximo caracterizada pelo perito, por entender que tais locais são a primeira fase do recolhimento do lixo urbano.

Diversamente do entendimento regional, o julgado paradigma conclui que a composição do lixo urbano não se confunde com o lixo doméstico manipulado pelas faxineiras.

CONHEÇO, pois, por divergência.

2) MÉRITO

Esta Egrégia Turma tem-se posicionado no sentido de não ser devido o adicional de insalubridade nas atividades relacionadas à higienização de sanitários, sob pena de se equiparar o contato com lixo doméstico com a coleta e industrialização de lixo urbano, imprimindo à atividade caráter não previsto no anexo 14 da NR 15 da Portaria n. 3.214/78. Precedentes:

- RR-241053/96, rel. Min. Moacyr Roberto Tesch Auersvald, j. 5-8-1998, *DJ* 18-9-1998;
- RR-241071, Ac. 7265/97, rel. Min. Ângelo Mário de Carvalho e Silva, *DJ* 26-9-1997.

Em que pese o quadro fático relatado no acórdão regional, assinale-se que o Reclamado já pagava o adicional de insalubridade em grau médio, que requer seja mantido.

Sendo assim, DOU PROVIMENTO ao apelo para absolver o Recorrente da condenação ao pagamento do adicional de insalubridade em grau máximo, mantendo o grau médio, como requerido.

ISTO POSTO:

ACORDAM os Ministros da Segunda Turma do Tribunal Superior do Trabalho, por unanimidade, não conhecer do Recurso de Revista em relação ao tema nulidade do acórdão regional por negativa de prestação jurisdicional. Por unanimidade, conhecer do recurso no tocante ao adicional de insalubridade - grau máximo e dar-lhe provimento para absolver o Recorrente da condenação ao pagamento do adicional de insalubridade em grau máximo, mantendo o grau médio, como requerido.

Brasília, ____ de ____ de ____

V. A.
Presidente

V. R.
Ministro Relator

EMBARGOS NO TST

Os embargos no TST são cabíveis no prazo de 8 dias:

- de decisão não unânime de julgamento que:
  - conciliar, julgar ou homologar conciliação em dissídios coletivos que excedam a competência territorial dos Tribunais Regionais do Trabalho e estender ou rever as sentenças normativas do Tribunal Superior do Trabalho, nos casos previstos em lei;
- das decisões das Turmas que divergirem entre si, ou das decisões proferidas pela Seção de Dissídios Individuais, ou contrárias à súmula ou orientação jurisprudencial do Tribunal Superior do Trabalho ou Súmula Vinculante do Supremo Tribunal Federal.

A divergência apta a ensejar os embargos deve ser atual, não se considerando tal a ultrapassada por súmula do Tribunal Superior do Trabalho ou do Supremo Tribunal Federal, ou superada por iterativa e notória jurisprudência do Tribunal Superior do Trabalho.

Incabível o recurso de embargos (art. 894, II, da CLT) para reexame de fatos e provas (Súmula 126 do TST).

O Ministro Relator denegará seguimento aos embargos:

- se a decisão recorrida estiver em consonância com súmula da jurisprudência do Tribunal Superior do Trabalho ou do Supremo Tribunal Federal, ou com iterativa, notória e atual jurisprudência do Tribunal Superior do Trabalho, cumprindo-lhe indicá-la;
- nas hipóteses de intempestividade, deserção, irregularidade de representação ou de ausência de qualquer outro pressuposto extrínseco de admissibilidade.

Da decisão denegatória dos embargos caberá agravo, no prazo de 8 dias.

Modelo de embargos

EXMO. SR. DR. MINISTRO PRESIDENTE DO COLENDO TRIBUNAL SUPERIOR DO TRABALHO

Proc. n. 1220200800102000

S. P. M., por seu advogado que esta subscreve, nos autos da reclamação trabalhista proposta contra Empresa Viajando na Maionese Ltda., vem, mui respeitosamente, à presença de Vossa Excelência, interpor EMBARGOS para a Seção de Dissídios Individuais-1 do C. TST, com fundamento no inciso II do art. 894 da CLT, de acordo com as razões anexas à presente.

Nestes termos,

P. deferimento.

SP, ____

Advogado ____

OAB n. ____

RAZÕES DOS EMBARGOS

EGRÉGIO TRIBUNAL SUPERIOR DO TRABALHO

COLENDA SEÇÃO DE DISSÍDIOS INDIVIDUAIS-1

A) Os fatos

O recorrente apelou, mediante recurso de revista à 1ª Turma do C. TST, visando a reforma do julgado do TRT da 2ª Região, quanto ao fato de que os turnos ininterruptos de revezamento podem ser fixados em negociação coletiva. Entretanto, deve haver a observância do limite de 8 horas diárias e 44 semanais. A referida Turma não entendeu assim.

Não se conformando com a r. decisão, vem embargar para a Seção de Dissídios Individuais desta Corte, visando a reforma da decisão.

B) O Direito

A decisão da 1ª Turma do TST é contrária à decisão da 5ª Turma, caracterizando a divergência jurisprudencial:

"Turno ininterrupto de revezamento – Fixação da jornada de trabalho mediante negociação coletiva – Limite. Nos termos da Orientação Jurisprudencial 169 da SBDI-1 do TST, quando há na empresa o sistema de turno ininterrupto de revezamento, é válida a fixação de jornada superior a 6 horas mediante negociação coletiva. No entanto, ante a interpretação sistemática que deve ser feita ao se aplicar, à espécie, o disposto nos incisos XIII e XIV do art. 7º da Constituição Federal, deve ser respeitado o limite constitucional de 8 horas diárias e 44 semanais, caso contrário, faz jus o trabalhador às horas excedentes desse patamar. Recurso de revista conhecido, nesse ponto, e parcialmente provido" (TST, 5ª T., RR 384823/1997-6- 9ª R., rel. Juiz Walmir Oliveira da Costa, *DJU* 29-6-2001, p. 851).

Está caracterizada a divergência jurisprudencial entre a 1ª e a 5ª Turmas do TST, sendo cabíveis os embargos por divergência jurisprudencial.

Os incisos XIII e XIV do art. 7º da Lei Maior têm de ser interpretados em conjunto, sistematicamente, pois não é possível trabalhar mais de 8 horas diárias e 44 semanais, mesmo nos turnos ininterruptos de revezamento fixados em negociação coletiva, em razão de que o trabalho é muito cansativo e altera o relógio biológico do trabalhador.

C) Pedido

Aguarda o conhecimento dos embargos pelo inciso II do art. 894 da CLT e provimento do presente apelo, para determinar o pagamento como extra das horas trabalhadas além da oitava diária e 44 semanais.

Nestes termos,

P. deferimento.

Brasília ____

Advogado ____

OAB n. ____

Modelo de embargos em dissídio coletivo

EXMO. SR. DR. MINISTRO PRESIDENTE DO COLENDO TRIBUNAL SUPERIOR DO TRABALHO

Proc. n. 10402006050200

Sindicato dos Catadores de Conchas do Brasil, por seu advogado que esta subscreve, nos autos do dissídio coletivo proposto contra SINDICATO DAS EMPRESAS DE CONCHAS, vem, mui respeitosamente, à presença de Vossa Excelência, interpor EMBARGOS para a Seção de Dissídios Coletivos do C. TST, com fundamento na alínea *a* do inciso I do art. 894 da CLT, de acordo com as razões anexas à presente.

Nestes termos,

P. deferimento.

SP, ____

Advogado ____

OAB n. ____

RAZÕES DOS EMBARGOS

EGRÉGIO TRIBUNAL SUPERIOR DO TRABALHO

COLENDA SEÇÃO DE DISSÍDIOS COLETIVOS

A) Os fatos

O recorrente apresentou dissídio coletivo contra o Sindicato das Empresas de Conchas. No referido processo houve julgamento por maioria de votos, o que dá respaldo ao presente recurso, com base na alínea *a* do inciso I do art. 894 da CLT.

B) O Direito

Tem direito de receber a contribuição assistencial de todos os trabalhadores pertencentes à categoria, inclusive dos não associados ao Sindicato.

A alínea *e* do art. 513 da CLT mostra que a contribuição assistencial pode ser cobrada de todos os trabalhadores pertencentes à categoria.

C) Pedido

Aguarda o conhecimento e provimento dos embargos, para determinar que a contribuição assistencial pode ser exigida de todos os trabalhadores, inclusive dos não associados ao Sindicato, alterando-se a cláusula da norma coletiva.

Nestes termos,

P. deferimento.

Brasília ____

Advogado ____

OAB n. ____

Modelo de acórdão em embargos no Tribunal Superior do Trabalho

PROCESSO E-RR ____ NÚMERO ____ ANO ____

ACÓRDÃO

SBDI-1

Vistos, relatados e discutidos estes autos de Embargos em Recurso de Revista n. TST-E-RR-____, em que é Embargante ____ e Embargado ____.

A Eg. 1ª Turma conheceu da revista da reclamada quanto ao adicional de insalubridade, por divergência jurisprudencial, e, no mérito, negou-lhe provimento para manter a v. decisão regional, que deferiu o pedido inicial do autor relativamente ao pagamento do adicional de insalubridade em grau máximo no recolhimento de lixo de banheiros e limpeza destes (fls. 128-131).

Inconformada, a reclamada interpõe embargos a fls. 133-136, alegando que os serviços de limpeza de salas e banheiros não se equiparam aos trabalhos em contato permanente com lixo urbano (coleta e industrialização), prescritos no Anexo 14 da NR 15 da Portaria n.

3.214/78 do Ministério do Trabalho, e, sim, tidos como coleta de lixo domiciliar, o que afasta a condenação do adicional de insalubridade na hipótese. Fundamenta seu apelo na transcrição de arestos que entende divergir da orientação regional.

Admitido por meio do r. despacho de fls. 139, o recurso não recebeu impugnação, conforme certificado a fls. 141.

Ausente o parecer da D. Procuradoria Geral, nos termos da Lei Complementar n. 75/93.

É o relatório.

VOTO

ADICIONAL DE INSALUBRIDADE – COLETA DE LIXO – LIXO URBANO

A) Conhecimento

A Turma de origem manteve a v. decisão regional que deferiu o pagamento do adicional de insalubridade ao autor. Proferiu seu entendimento no seguinte sentido, *verbis*:

> "O anexo 14 da NR 15 da Portaria n. 3.214/78, que trata do contato com agentes biológicos, dispõe ser devido o adicional de insalubridade na hipótese destes autos.
>
> Ora, é devido o pagamento de adicional de insalubridade no grau máximo aos empregados que trabalham com a limpeza e higienização de banheiro de estabelecimentos, portanto esse tipo de labor assemelha-se à coleta de lixo urbano, haja vista que as atividades importam no contato com agentes biológicos, patogênicos e nocivos à saúde do empregado.
>
> Assim, não há como dissociar coleta de lixo urbano e a de lixo domiciliar, pois embora quantitativamente distinto, ambos são compostos de agentes altamente patogênicos, nocivos à saúde do obreiro."

Em suas razões de embargos, alega a reclamante que não é devido o adicional de insalubridade ao empregado que se ocupa da coleta de lixo domiciliar, o qual não pode ser comparado ao lixo urbano, que tem natureza diversa e grau de nocividade muito maior à saúde.

Os arestos transcritos a fls. 135-136 possibilitam o conhecimento dos embargos ao esposarem tese no sentido de que não se pode deferir o adicional de insalubridade para empregados que exerçam suas atividades em faxinas ou limpezas de sanitários, que são consideradas como coleta de lixo domiciliar.

Conheço por conflito pretoriano.

B) Mérito

Discute-se nos autos se a empregada que realiza limpeza em geral, inclusive de sanitários, em contato com lixo domiciliar, faz ou não jus ao percebimento em grau máximo do adicional de insalubridade.

A jurisprudência predominante nesta Corte Superior é no sentido da necessidade de classificação da atividade insalubre na relação oficial elaborada pelo Ministério Público, não bastando a contestação por laudo pericial.

Os anexos 13 e 14 da NR 15, adotados pela Eg. 1ª Turma como fundamento para a condenação em adicional de insalubridade em grau máximo nas atividades exercidas pela reclamante, que executava tarefas de limpeza em banheiros, não se prestam à verificação da similitude entre o lixo urbano e o lixo doméstico.

Com efeito, o lixo urbano possui, em sua composição, agentes biológicos diversos e resíduos hospitalares considerados insalubres em grau máximo, o que não ocorre com o lixo domiciliar coletado em residências e escritórios, como no caso dos autos, em que a autora trabalhava em faxinas ou limpezas de sanitários. Nesse sentido, encontramos os seguintes precedentes:

- E-RR-241.800/96, Min. C. de Souza, *DJ* 6-8-1999;
- E-RR-221.439/95, Min. F. Fausto, *DJ* 26-3-1999;
- E-RR-245.527/96, Min. Vasconcellos, *DJ* 18-12-1998.

Pelo exposto, dou provimento aos embargos para excluir da condenação da reclamada o pagamento do adicional de insalubridade e consequentes.

É o meu voto.

ISTO POSTO

ACORDAM os Ministros da Subseção I Especializada em Dissídios Individuais do Tribunal Superior do Trabalho, por unanimidade, conhecer dos Embargos e dar-lhes provimento para excluir da condenação o pagamento do adicional de insalubridade.

Brasília, ____ de ____ de ____

Ministro, no exercício eventual da Presidência
Ministro Relator

AGRAVO DE PETIÇÃO

O agravo de petição é cabível, no prazo de 8 dias, das decisões do juiz ou Presidente, nas execuções (art. 897, *a*, da CLT). É um recurso que só cabe na fase de execução, e não na fase de conhecimento do processo.

Há necessidade de o empregador delimitar matéria e valores incontroversos, visando que os valores incontroversos possam ser executados de imediato pelo empregado. Não havendo delimitação de matéria e de valores, ao mesmo tempo, o recurso não será conhecido.

As custas não precisam ser pagas para o recurso ser conhecido, pois serão pagas a final.

Não é cabível depósito recursal no agravo de petição, pois o juízo já deve estar garantido com a penhora.

Será o agravo de petição interposto perante o juiz de primeiro grau e as razões serão dirigidas ao Tribunal Regional do Trabalho. No TRT, o julgamento será feito por Turma ou pelo Pleno, se não houver divisão em Turmas.

Modelo de agravo de petição

EXMO. SR. DR. JUIZ DA 33ª VARA DO TRABALHO DE SÃO PAULO

Proc. n. 123/07

J. M., por seu advogado que esta subscreve, nos autos da reclamação trabalhista promovida contra EMPRESA DE MUDANÇAS T. T. LTDA., vem, mui respeitosamente, à presença de V. Exa. interpor AGRAVO DE PETIÇÃO, com fundamento na alínea *a* do art. 897 da CLT, de acordo com as razões anexas à presente.

Nestes termos,

P. Deferimento.

SP, ____

Advogado ____

OAB n. ____

RAZÕES (ou minuta) DO AGRAVO DE PETIÇÃO

EGRÉGIO TRIBUNAL

COLENDA TURMA

1) A recorrente, não se conformando com a decisão que acolheu os embargos de execução interpostos pela recorrida, vem recorrer por meio de agravo de petição a este tribunal, visando a reforma daquela r. decisão.

2) A r. sentença recorrida acolheu os embargos do devedor alegando que os cálculos do autor estão incorretos.

Entretanto, os cálculos apresentados pelo autor estão de acordo com o que foi deferido na sentença.

Foram aplicados juros de mora à razão de 1% sobre o capital corrigido (S. 200 do TST) e de forma simples.

A correção monetária foi calculada com base na TR, na forma do art. 39 da Lei n. 8.177/91.

Impõe-se, portanto, a reforma da r. sentença, rejeitando-se os embargos do devedor, declarando que os cálculos do autor estão corretos, como medida de Justiça.

Nestes termos,

P. deferimento.

SP, ____

Advogado ____

OAB n. ____

Modelo de acórdão em agravo de petição

Proc. n. 20050

3ª Vara do Trabalho de Santos

Agravante: R. F.

Agravados: Empresa G. Ltda. ME

Vistos, relatados e discutidos.

I - RELATÓRIO

Interpõe agravo de petição R. F. afirmando que tem direito à moradia, de acordo com o art. 1º da Lei n. 8.009/90. Deve ser dado provimento ao recurso para ser excluída a penhora sobre seu bem de família.

Contrarrazões de fls. 365-369. É o relatório.

II - CONHECIMENTO

O recurso é tempestivo. Conheço do recurso por estarem presentes os requisitos legais.

III - FUNDAMENTAÇÃO

VOTO

Não provou o recorrente que o imóvel penhorado é o único que possui.

Destaque-se que no imóvel não reside família, mas apenas a pessoa física do embargante. Logo, não está amparado pela Lei n. 8.009/90.

A referida norma não protege especificamente a moradia, mas a família. A lei trata da impenhorabilidade do bem de família e não do direito a moradia. Não se verifica que a intenção do legislador era proteger uma única pessoa que resida no imóvel.

O art. 1º da Lei n. 8.009/90 é claro no sentido de que o imóvel residencial próprio do casal, ou da entidade familiar, é impenhorável. Não se faz referência a uma única pessoa.

Não se pode interpretar a norma no sentido de o trabalhador deixar de receber o que lhe é devido, em razão da verba ter natureza alimentar e da sua hipossuficiência. Nego provimento.

IV - DISPOSITIVO

Pelo exposto, conheço do recurso, por atendidos os pressupostos legais, e, no mérito, nego-lhe provimento, mantendo a sentença. É o meu voto.

Sergio Pinto Martins
Juiz relator

AGRAVO DE INSTRUMENTO

O objetivo do agravo de instrumento é atacar os despachos que denegaram seguimento a recurso interposto pela parte (art. 897, *b*, da CLT).

Sob pena de não conhecimento, as partes promoverão a formação do instrumento do agravo de modo a possibilitar, caso provido, o imediato julgamento do recurso denegado, instruindo a petição de interposição:

- obrigatoriamente, com cópias da decisão agravada, da certidão da respectiva intimação, das procurações outorgadas aos advogados do agravante e do agravado, da petição inicial, da contestação, da decisão originária, do depósito recursal referente ao recurso que se pretende destrancar, da comprovação do recolhimento das custas e do depósito recursal a que se refere o § 7º do art. 899 desta Consolidação;
- facultativamente, com outras peças que o agravante reputar úteis ao deslinde da matéria de mérito controvertida (§ 5º do art. 896 da CLT).

Para o empregador, é preciso depositar metade do valor do depósito recursal do recurso que se pretende destrancar para que o agravo possa ser admitido.

Compete à própria parte velar pela correta formação do instrumento.

O agravo será dirigido ao juiz que negou seguimento ao recurso e as razões serão dirigidas ao tribunal que seria competente para julgar o recurso denegado.

Modelo de agravo de instrumento

EXMO. SR. DR. JUIZ DA 33ª VARA DO TRABALHO DE SÃO PAULO

Proc. n. 123/07

R. J., por seu advogado que esta subscreve, nos autos da reclamação trabalhista proposta contra LOTÉRICA D. S. LTDA., vem, mui respeitosamente, à presença de V. Exa. interpor AGRAVO DE INSTRUMENTO, com fundamento na alínea *b* do art. 897 da CLT, de acordo com as razões anexas à presente.

Nestes termos,

P. deferimento.

SP, ____

Advogado ____

OAB n. ____

RAZÕES DO AGRAVO DE INSTRUMENTO

EGRÉGIO TRIBUNAL

COLENDA TURMA

1) O recurso ordinário foi interposto dentro do prazo de 8 dias (doc. 1).

O MM. juiz *a quo* negou seguimento ao recurso com o fundamento de que as custas deveriam ser pagas, pois não foi deferida a respectiva isenção.

2) O requerente faz jus à justiça gratuita, pois ganha dois salários mínimos, mas não tem condições de demandar sem prejuízo de seu sustento próprio ou de sua família, conforme declaração de pobreza juntada com a inicial (doc. 2). A declaração foi feita sob as penas da lei.

Não existe determinação legal no sentido de que o autor tenha de estar assistido pelo sindicato para fazer jus à isenção das custas.

Assim, o reclamante atendeu aos requisitos da Lei n. 1.060/50 e do § 3º do art. 790 da CLT. Faz jus à isenção das custas.

Dessa forma, o presente agravo de instrumento deve ser conhecido e provido para determinar a análise do recurso ordinário, visando o exame do mérito da matéria ali contida, como medida de inteira justiça.

Nestes termos,

P. deferimento.

SP, ____

Advogado ____

OAB n. ____

Modelos de acórdão em agravo de instrumento

Proc. n. 200

3ª Vara do Trabalho de São Paulo

Agravante: M.F.

Agravado: Empresa Bom Clima Ltda.

Vistos, relatados e discutidos.

I - RELATÓRIO

Interpõe M. F. agravo de instrumento afirmando que está desempregado. Tem direito a justiça gratuita. Deve ser processado seu recurso ordinário.

Contrarrazões de fls. 30-35.

Parecer do Ministério Público de fls. 37. É o relatório.

II - CONHECIMENTO

O recurso é tempestivo. Conheço do recurso por estarem presentes os requisitos legais.

III - FUNDAMENTAÇÃO

VOTO

O reclamante ganhava mais de dois salários mínimos.

O direito de ação depende dos requisitos estabelecidos pela lei ordinária, entre os quais as condições da ação.

O contraditório (art. 5º, LV, da Constituição) já foi exercido pelo recorrente, tanto que apresentou recurso da sentença. Ampla defesa diz respeito à empresa e não ao empregado.

Não se discute privação de liberdade ou de bens para se aplicar o inciso LIV do art. 5º da Lei Maior.

A declaração de fls. 14 não está firmada sob as penas da lei.

Mostra o § 3º do art. 790 da CLT que é faculdade do juiz conceder a isenção e não obrigação, mesmo diante da apresentação de declaração de pobreza. Logo, não tinha o magistrado obrigação de conceder a isenção das custas. Se o legislador entendesse que a isenção das custas seria obrigação, não teria colocado na lei a palavra *faculdade*. Nego provimento.

IV - DISPOSITIVO

Pelo exposto, conheço do recurso, por atendidos os pressupostos legais, e, no mérito, nego-lhe provimento, mantendo a decisão. É o meu voto.

Sergio Pinto Martins
Juiz relator

Proc. n.

3ª Vara do Trabalho de Diadema

Agravante: MARIA SILVA

Agravado: INDÚSTRIA E COMÉRCIO VALE TUDO LTDA.

Vistos, relatados e discutidos.

I - RELATÓRIO

Do r. despacho de fls. 184, que negou seguimento ao Recurso Ordinário por considerá-lo deserto, agravo de instrumento a reclamante a fls. 186-188, pretendendo a sua reforma, para que sejam concedidos os benefícios da Justiça Gratuita com o consequente processamento do recurso ordinário interposto.

Contraminuta a fls. 195-198.

É o relatório.

II - CONHECIMENTO

Tempestivo e regular, conheço.

III - FUNDAMENTAÇÃO

Mostra o § 3º do art. 790 da CLT que é faculdade do juiz conceder a justiça gratuita e não obrigação, mesmo diante da apresentação de declaração de pobreza.

A autora firmou a declaração de fls. 26 e ganhava menos de dois salários mínimos. Logo, da faculdade citada, defiro a justiça gratuita.

Houve pedido de justiça gratuita a fls. 23, letra *a*.

O art. 14 da Lei n. 5.584/70 trata de assistência judiciária prestada pelo sindicato e não de justiça gratuita.

A constituição de advogado particular não é fundamento para afastar o direito à justiça gratuita.

A reclamante não está assistida pela Procuradoria do Estado para se falar na aplicação do inciso LXXIV do art. 5º da Constituição.

Não se negou vigência ao inciso XXXV do art. 5º da Constituição.

Dou provimento ao agravo e concedo à autora os benefícios da justiça gratuita, determinando o processamento do recurso ordinário.

IV – DISPOSITIVO

Pelo exposto, ACORDAM os Magistrados da 18ª Turma do Tribunal Regional do Trabalho da Segunda Região: conhecer do agravo, por atendidos os pressupostos legais e, no mérito, dar-lhe provimento para, concedendo à autora os benefícios da justiça gratuita, determinar o processamento do recurso ordinário.

Sergio Pinto Martins

Juiz relator

Proc. n.

3ª VT de Diadema

Recorrente: MARIA SILVA

Recorrido: INDÚSTRIA E COMÉRCIO VALE TUDO LTDA.

Vistos, relatados e discutidos.

I – RELATÓRIO

Interpõe recurso ordinário a reclamante a fls. 182-183, afirmando que merece ser reformada a sentença no tocante às horas extras, posto que a reclamada deixou de acostar aos autos a totalidade dos controles de pontos e recibos de pagamento. Refere ainda que iniciava a jornada antes do horário contratual e terminava depois. Requer o acolhimento do recurso.

Contrarrazões a fls. 191-194.

É o relatório.

II – CONHECIMENTO

VOTO

O recurso é tempestivo.

Justiça gratuita deferida.

Conheço do recurso por estarem presentes os requisitos legais.

III – FUNDAMENTAÇÃO

1. Horas extras

Sustenta a reclamante que as horas extras não foram pagas corretamente, requerendo a aplicação da Súmula 338 do TST no período em que não foram juntados os controles de ponto.

Aduz, ainda, que iniciava a jornada antes do horário contratual e ficava além, sem receber o valor correspondente às horas prestadas.

A prova da jornada de trabalho era do autor, nos termos do art. 818 da CLT, por se tratar de fato constitutivo do seu direito (art. 818, I, da CLT). Não basta serem feitas meras alegações (*allegatio et non probatorio quasi non allegatio*).

Desse ônus não se desvencilhou a contento.

Em depoimento pessoal a autora reconheceu a validade dos horários consignados nos cartões de ponto (fls. 57), afirmando que anotava-os corretamente e que somente nos dois últimos meses não usufruiu do intervalo para refeição e descanso. Nada referiu a respeito de iniciar o trabalho antes do horário contratual e terminar após.

Não há que se falar na juntada dos cartões de ponto anteriores a abril/2007, em razão da prescrição, bem assim apenas a ausência do cartão de agosto/2008 não força a incidência dos termos da Súmula 338 do TST à reclamada.

Além do mais, o juízo não determinou a juntada dos cartões de ponto para se falar na aplicação de qualquer penalidade à empresa reclamada.

Destarte, dos recibos de pagamentos acostados ao volume anexo consta o pagamento de horas extras, não tendo a recorrente apresentado demonstrativo de diferenças, como lhe competia.

A reclamante não especifica nenhum recibo que não tenha sido amealhado aos autos pela reclamada.

Não foi realizada perícia para apurar as diferenças alegadas.

A autora tem cópia dos recibos de pagamento e poderia tê-los juntado aos autos, caso entenda não ter recebido alguma verba.

São indevidas horas extras e reflexos no caso presente.

Mantenho a sentença.

IV - DISPOSITIVO

Pelo exposto, ACORDAM os magistrados da 18ª Turma do Tribunal Regional do Trabalho da Segunda Região: conhecer do recurso, por atendidos os pressupostos legais e, no mérito, negar-lhe provimento. Mantido o valor arbitrado para efeito do cálculo das custas.

Sergio Pinto Martins

Juiz relator

AGRAVO REGIMENTAL

O agravo regimental é um recurso previsto nos regimentos internos dos tribunais. Não tem previsão na lei.

Geralmente é utilizado para atacar decisão monocrática do juiz relator nos tribunais. Cabe também das decisões do ministro corregedor do TST (§ 1º do art. 709 da CLT), quando julga correição parcial.

Por não ter previsão legal, não se exige pagamento de custas e de depósito recursal.

Modelo de agravo regimental

EXMO. SR. DR. MINISTRO PRESIDENTE DA 1ª TURMA DO TST

Proc. n. 2091/04

M. K., por seu advogado que esta subscreve, nos autos da reclamação trabalhista proposta contra A. & A. LTDA., vem, mui respeitosamente, à presença de V. Exa. interpor AGRAVO REGIMENTAL, com fundamento no art. 338 e s. do Regimento Interno do TST, de acordo com as razões anexas à presente.

Nestes termos,

P. deferimento.

Brasília ____

Advogado ____

OAB n. ____

RAZÕES DO AGRAVO REGIMENTAL

COLENDA SEÇÃO DE DISSÍDIOS INDIVIDUAIS-1 DO TST

A agravante interpôs embargos para a SDI, perante a 1ª Turma do TST, tendo o Exmo. Sr. Ministro relator denegado seguimento ao recurso em decisão monocrática, com o fundamento de que não houve divergência jurisprudencial.

Ocorre que é manifesta a violação do inciso XXXVI do art. 5º da Constituição, pois a agravante tinha direito adquirido ao IPC de 84,32% de março de 1990, que não poderia ter sido cancelado pela Lei n. 8.030/90.

A Súmula 315 do TST mostra que o autor tem direito ao reajuste pretendido.

Nessas condições, constatado que há violação da Constituição da República, do art. 5º, XXXVI, é de se conhecer e prover o presente agravo, determinando-se o processamento dos embargos, como de direito.

Nestes termos,

P. deferimento.

Brasília ____

Advogado ____

OAB n. ____

RECURSO EXTRAORDINÁRIO

O recurso extraordinário é cabível nas causas decididas em única ou última instância, quando a decisão recorrida:

- contrariar dispositivo da Constituição;

- declarar a inconstitucionalidade de tratado ou lei federal;
- julgar válida lei ou ato de governo local contestado em face da Constituição;
- julgar válida lei local contestada em face de lei federal (art. 102, III, da Constituição).

O prazo do recurso extraordinário é de 15 dias, por não se tratar de um recurso eminentemente trabalhista.

Há necessidade de o recorrente demonstrar a existência de repercussão geral para que o recurso extraordinário seja admitido.

Deverá o empregador fazer o depósito recursal. O limite legal é de R$ 18.378,00.

Modelo de recurso extraordinário

EXMO. SR. DR. MINISTRO PRESIDENTE DO C. TST

Proc. n. 0009091/07

R. S., por seu advogado que esta subscreve, nos autos da reclamação trabalhista proposta contra FIC Ltda., vem, mui respeitosamente, à presença de V. Exa. apresentar RECURSO EXTRAORDINÁRIO, com fundamento na alínea *a* do inciso III do art. 102 da Constituição, de acordo com as razões anexas à presente.

Nestes termos,

P. deferimento.

Brasília ____

Advogado ____

OAB n. ____

EXCELSO PRETÓRIO

COLENDA TURMA

R. S. ajuizou ação trabalhista contra a recorrida, alegando que o acordo de compensação deve ser coletivo. Tem, assim, direito a horas extras além da oitava diária.

Obteve sentença favorável em primeiro grau, que foi modificada no TRT da 2ª Região e confirmada em grau de recurso de revista e embargos no TST.

O TST, assim como o Tribunal Regional, entenderam que o acordo descrito no inciso XIII do art. 7º da Constituição é individual e não coletivo.

A interpretação sistemática leva o intérprete a entender que se trata de acordo coletivo. O inciso VI do art. 7º da Constituição dispõe sobre irredutibilidade do salário, salvo o disposto em convenção ou acordo coletivo. Nota-se que aqui é expressa a menção ao acordo coletivo. Usa o inciso XIV do art. 7º da Lei Magna um sinônimo para permitir a jornada superior a 6 horas nos turnos ininterruptos de revezamento: "negociação coletiva", que importa em convenção ou acordo coletivo. Reconhece o inciso XXVI do art. 7º da Lei Maior as convenções e os acordos coletivos.

A interpretação gramatical do inciso XIII do art. 7º da Constituição não é pacífica entre os especialistas, havendo posições em um sentido e em outro.

Entendo que o adjetivo *coletiva*, qualificando o substantivo *convenção*, diz respeito tanto à convenção como ao acordo, até mesmo em razão da conjunção *ou* empregada no texto, que mostra a alternatividade de tanto a convenção como o acordo serem coletivos. A palavra *coletiva* deve concordar com a palavra imediatamente anterior, que é feminina, mas aquela se refere também ao acordo. Por esse raciocínio, o acordo deve ser coletivo e não individual.

O filólogo Celso Cunha, que fez a revisão gramatical da Constituição, entende que a última palavra numa frase deve concordar com a anterior, se esta for feminina. São seus os exemplos: "Comprei uma gravata e um chapéu escuro", "Estudo o idioma e a literatura portuguesa" (*Gramática moderna*. Belo Horizonte: Bernardo Álvares, 1970, p. 130).

Na verdade, o que o constituinte pretendeu foi apresentar sinônimos para as mesmas expressões. Por isso, usou a expressão *acordo ou convenção coletiva* no inciso XIII do art. 7º, *negociação coletiva* no inciso XIV, *convenção e acordo coletivo* no inciso VI e *convenção e acordo coletivo*, no inciso XXVI, todos do mesmo artigo. O objetivo do constituinte foi de não ser repetitivo, não empregando expressões repetidas, adotando variações ou sinônimos.

Fazendo a interpretação das palavras empregadas na CLT, verifica-se que o legislador ordinário usa a expressão *acordo escrito* para designar o acordo individual feito pelo empregado para prorrogação da jornada de trabalho, como se observa do art. 59 da CLT. A Súmula 108 do TST fazia também essa distinção para a compensação de horários de trabalho, usando a expressão *acordo escrito* para o acordo individual e *acordo coletivo ou convenção coletiva* para a norma coletiva, sendo estas últimas as formas de compensação do horário de trabalho da mulher. Com base nessa orientação, já seria possível dizer que o constituinte, ao fazer referência a acordo, quis se referir a acordo coletivo e não a acordo escrito ou individual, até mesmo para prestigiar a participação dos sindicatos nas negociações coletivas (art. 8º, VI, da Constituição).

Se o empregado pactuar, mediante acordo individual com o empregador, a compensação do horário de trabalho, terá o segundo de pagar como extras as horas trabalhadas além da oitava diária, pois a compensação de horários, a partir de 5-10-1988, somente pode ser feita por acordo coletivo ou por convenção coletiva de trabalho, nunca por acordo individual.

A partir de 5-10-1988, todas as horas excedentes à oitava hora são extras, sendo devidas as horas extras e o adicional (art. 7º, XIII e XVI, da Constituição).

Assim, todas as horas trabalhadas além de 8 horas, na inexistência de acordo de compensação coletivo, deverão ser pagas como extras, acrescidas do respectivo adicional, uma vez que a jornada de trabalho foi excedida. A Súmula 85 do TST estabelece, porém, outra orientação. O adicional será de no mínimo 50% (art. 7º, XVI, da Constituição), podendo ser superior se previsto em norma coletiva.

Houve, portanto, violação expressa ao inciso XIII do art. 7º da Constituição.

Posto isto, impõe-se a reforma do r. julgado, para confirmar integralmente a sentença do primeiro grau, que lhe foi favorável, como medida de Justiça.

Nestes termos,

P. deferimento.

Brasília ____

Advogado ____

OAB n. ____

RECURSO ADESIVO

A CLT não trata do recurso adesivo. Assim, é o caso de se aplicar o art. 997 do CPC.

Sendo vencidos autor e ré, ao recurso interposto por qualquer deles poderá aderir a outra parte (art. 997 do CPC). O recurso adesivo fica subordinado ao recurso principal. Será interposto perante a autoridade competente para admitir o recurso principal, no prazo de 8 dias. Não será conhecido, se houver desistência do recurso principal, ou se for declarado inadmissível ou deserto.

Dois são os requisitos para a admissibilidade do recurso adesivo:

- sucumbência recíproca;
- a parte deveria ter condições de recorrer autonomamente.

Modelo de recurso adesivo

EXMO. SR. DR. JUIZ DA 33ª VARA DO TRABALHO DE SÃO PAULO

Proc. n. 456/07

O. N., por seu advogado que esta subscreve, nos autos da reclamação trabalhista proposta contra M. TRANSPORTES LTDA., vem, mui respeitosamente, à presença de V. Exa. interpor RECURSO ADESIVO, ao recurso ordinário da reclamada, com fundamento no art. 997 do CPC, de acordo com as razões anexas.

Nestes termos,

P. deferimento.

SP, ____

Advogado ____

OAB n. ____

RAZÕES

EGRÉGIO TRIBUNAL REGIONAL DO TRABALHO DA 2ª REGIÃO

COLENDA TURMA

A r. sentença de 1º grau foi desfavorável em parte ao recorrente, pois não foi deferida a integralidade das horas extras postuladas.

O exame do depoimento da testemunha J. M. revela que o autor trabalhou das 8 às 19 horas, de segunda a sexta-feira. A verificação do depoimento da testemunha M. P. também revela ter o reclamante trabalhado das 8 às 20 horas. Temos então uma média da jornada de trabalho do recorrente das 8 às 19h30min, considerando-se que o autor tinha uma hora de intervalo.

Assim, não poderia a MM Vara *a quo* ter consignado o horário de trabalho do reclamante das 8 às 18 horas, com base no testemunho de A. F., que tinha interesse no feito, ao declarar que tinha contato com o sócio da empresa fora do local de trabalho.

Assim, espera que a r. sentença de 1º grau seja reformada em parte para que sejam deferidas 2 h e 30 minutos extras por dia.

Nestes termos,

P. deferimento.

SP, ____

Advogado ____

OAB n. ____

CORREIÇÃO PARCIAL

A correição parcial não tem previsão em lei, mas no regimento interno dos tribunais.

Cabe a correição parcial contra atos tumultuários praticados pelo juiz no curso do processo.

Cada tribunal pode fixar um prazo para a interposição da correição parcial. Geralmente ela tem prazo de cinco dias. No TST tem prazo de oito dias.

Normalmente ela é apresentada no juízo *a quo* e as razões são endereçadas ao Tribunal. Pode, porém, o regimento interno do Tribunal dispor de forma contrária.

Modelo de correição parcial

EXMO. SR. DR. JUIZ CORREGEDOR REGIONAL

L. M., M. M., qualificados nos autos do proc. n. 159/01, que tramita pela MM 33ª Vara do Trabalho de São Paulo, na ação que foi proposta contra J. C., vêm, mui respeitosamente, à presença de V. Exa. interpor CORREIÇÃO PARCIAL contra ato do MM Juiz da 33ª Vara do Trabalho de São Paulo, pelos motivos a seguir expostos.

O MM. juiz determinou o desmembramento do processo n. 159/04, que havia sido originariamente proposto contra J. C.

Todos os dois ex-empregados do reclamado foram dispensados por uma suposta justa causa inexistente, sendo que o pedido da ação é idêntico para todos, ou seja, pagamento de verbas rescisórias.

Entendem que foram atendidos os requisitos do art. 842 da CLT para que os processos fossem reunidos.

Não se justifica, portanto, o desmembramento das ações, que representa ato tumultuário no processo, podendo causar a existência de duas sentenças distintas, quando a unidade da prova poderia evitar decisões díspares e trazer maior celeridade ao processo.

Por esses motivos, espera que seja modificada a r. decisão de fls. 12, por meio desta correição, mantendo-se no polo ativo da referida ação todos os reclamantes.

Nestes termos,

P. deferimento.

São Paulo, ____

Advogado ____

OAB n. ____

EMBARGOS DE DECLARAÇÃO

Caberão embargos de declaração da sentença ou acórdão, no prazo de cinco dias, devendo seu julgamento ocorrer na primeira audiência ou sessão subsequente a sua apresentação, registrado na certidão, admitido efeito modificativo da decisão nos casos de omissão e contradição no julgado e manifesto equívoco no exame dos pressupostos extrínsecos do recurso (art. 897-A da CLT).

Cabem embargos de declaração contra qualquer decisão judicial para:

I – esclarecer obscuridade ou eliminar contradição;

II – suprir omissão de ponto ou questão sobre o qual devia se pronunciar o juiz de ofício ou a requerimento;

III – corrigir erro material (art. 1.022 do CPC).

Os embargos serão opostos, no prazo de cinco dias, em petição dirigida ao juiz ou relator, com indicação do ponto obscuro, contraditório ou omisso, não estando sujeitos a preparo (art. 1.023 do CPC). Não há, portanto, necessidade de se fazer depósito recursal ou pagar custas para os embargos de declaração serem admitidos.

Eventual efeito modificativo dos embargos de declaração somente poderá ocorrer em virtude da correção de vício na decisão embargada e desde que ouvida a parte contrária, no prazo de cinco dias.

O juiz julgará os embargos em cinco dias. Nos tribunais, o relator apresentará os embargos em mesa na sessão subsequente, proferindo voto (art. 1.024 do CPC).

Os embargos de declaração interrompem o prazo para a interposição de outros recursos, por qualquer das partes, salvo quando intempestivos, irregular a representação da parte ou ausente a sua assinatura. Quando manifestamente protelatórios os embargos, o juiz ou o tribunal, declarando que o são, condenará o embargante a pagar ao embargado multa não excedente de 1% sobre o valor da causa. Na reiteração de embargos protelatórios, a multa é elevada a até 10%, ficando condicionada a interposição de qualquer outro recurso ao depósito do valor respectivo.

Modelo de embargos de declaração

EXMO. SR. DR. JUIZ DA 33ª VARA DO TRABALHO DE SÃO PAULO

Proc. n. 1911/07

M. S., por seu advogado que esta subscreve, nos autos da reclamação trabalhista proposta contra C. S/A, vem, mui respeitosamente, à presença de V. Exa. interpor EMBARGOS DE DECLARAÇÃO com fundamento no art. 1.022 do CPC, de acordo com as razões a seguir aduzidas.

A sentença examinou o pagamento das verbas rescisórias, concluindo que não houve justa causa para o despedimento.

Contudo, não foi examinado o pedido de pagamento da multa prevista no § 8º do art. 477 da CLT, em razão do atraso no pagamento das verbas rescisórias, vez que as referidas verbas não foram saldadas no prazo legal. Houve, portanto, omissão do juízo.

Em razão do exposto, requer sejam os embargos conhecidos e providos para que seja determinado o pagamento da multa do § 8º do art. 477 da CLT, no valor de um salário devidamente corrigido.

Nestes termos,

P. deferimento.

São Paulo, ____

Advogado ____

OAB n. ____

Modelo de embargos de declaração para fins de prequestionamento

EXMO. SR. DR. JUIZ RELATOR, SERGIO PINTO MARTINS, da 18ª TURMA DO TRIBUNAL REGIONAL DO TRABALHO DA 2ª REGIÃO

Proc. n. 123/09

J. M., por seu advogado que esta subscreve, nos autos da reclamação trabalhista proposta contra C. S/A, vem, mui respeitosamente, à presença de V. Exa. interpor EMBARGOS DE DECLARAÇÃO com fundamento no art. 1.022 do CPC, de acordo com as razões a seguir aduzidas.

Os presentes embargos têm por objetivo prequestionar matéria de direito para ser possível a admissibilidade do seu recurso de revista. Não tem característica protelatória.

No voto do relator não foram analisados os arts. 141 e 492 do CPC, pois o juiz não pode decidir fora do pedido e da causa de pedir. Houve, portanto, omissão do voto. A causa de pedir é específica no sentido de que o horário do empregado era das 8 às 18 horas. A sentença acolheu o horário de trabalho das 8 às 19 horas, e foi ratificada na decisão de segundo grau.

A Súmula 98 do STJ é clara no sentido de que os embargos de declaração manifestados com notório propósito de prequestionamento não têm caráter protelatório.

Pelo exposto, requer sejam os embargos conhecidos e providos para que sejam examinados os arts. 141 e 492 do CPC, limitando-se o horário de trabalho das 8 às 18 horas.

Nestes termos,

P. deferimento.

São Paulo, ____

Advogado ____

OAB n. ____

Modelo de sentença em embargos de declaração

Vistos.

Submetidos os embargos de declaração a julgamento, foi proferida a seguinte decisão.

M. S. opôs embargos de declaração, alegando que não foi apreciado o pedido da multa do § 8º do art. 477 da CLT, tendo em vista que a sentença reconheceu a inexistência de justa causa e o pagamento do saldo salarial foi feito somente em audiência.

É o relatório.

1) Conheço dos embargos, por serem tempestivos.

2) No mérito, tem razão o embargante. Realmente não foi apreciado o pedido de multa do § 8º do art. 477 da CLT.

Foi reconhecido que não houve justa causa para o despedimento, porém o saldo de salário somente foi pago na primeira audiência.

Alega a empresa que tal verba não foi paga por culpa do reclamante, que não mais compareceu à empresa.

Esta prova não foi feita pela reclamada. Logo, tem direito o embargante à multa do § 8º do art. 477 da CLT, no valor de um salário, devidamente corrigido.

3) Pelo exposto, CONHEÇO dos embargos, por serem tempestivos, e, no mérito, ACOLHO-OS para fazer constar na condenação que a reclamada deverá pagar ao autor a multa do § 8º do art. 477 da CLT, no valor de um salário, devidamente corrigido.

Intimem-se as partes.

Juiz do Trabalho

Modelo de sentença de embargos de declaração aplicando multa

Proc. n. 200502

77ª Vara do Trabalho de São Paulo

Embargante: I. A.

I - RELATÓRIO

Apresenta embargos de declaração I. A., afirmando existir omissão, contradição e obscuridade, pois a sentença deferiu a justiça gratuita.

É o relatório.

II - CONHECIMENTO

Os embargos são tempestivos. Conheço-os.

III - FUNDAMENTAÇÃO

Os presentes embargos de declaração são manifestamente protelatórios. A matéria já foi analisada no acórdão, inexistindo omissão, contradição ou obscuridade, apenas isso ocorre na manifestação de inconformismo do embargante, que deveria ser objeto de recurso e não de embargos de declaração.

José Frederico Marques afirma que há omissão quando o acórdão deixa de pronunciar-se sobre questão concernente ao litígio, que deveria ser decidida (*Manual de direito processual civil*. Campinas: Bookseller, 1997, v. 3, p. 191-192). Não é o que ocorre no caso dos autos, pois a matéria devolvida à apreciação do juízo foi devidamente analisada.

Leciona Pontes de Miranda que a contradição só existe entre decisões da própria sentença e não entre a sentença e alguma peça do processo (*Comentários ao CPC*. Rio de Janeiro: Forense, p. 343).

Assevera José Carlos Barbosa Moreira que contradição é a afirmação conflitante, quer na fundamentação, quer entre a fundamentação e a conclusão (*Comentários ao CPC*. Rio de Janeiro: Forense, p. 241).

Vicente Greco Filho menciona que contradição é "a afirmação conflitante, quer na fundamentação, quer entre a fundamentação e a conclusão" (*Direito processual civil brasileiro*. 11. ed. São Paulo: Saraiva, 1996, v. 2, p. 260).

Na visão de José Frederico Marques, a contrariedade se configura quando inconciliáveis entre si, no todo ou em parte, preposições ou segmentos do acórdão (*Manual de direito processual civil*. Campinas: Bookseller, 1997. v. 3, p. 191-192).

A questão não é de contradição, pois a sentença explica o tema e não afirma algo e ao mesmo tempo o nega. É a incompatibilidade entre proposições. Contradição existiria se algo fosse afirmado na fundamentação e negado no dispositivo ou na própria fundamentação.

O TST já entendeu da mesma forma:

> "Embargos declaratórios - Contradição - Caracterização. A contradição que autoriza os embargos declaratórios é aquela que implica incoerência entre a fundamentação e a con-

clusão, ou entre proposições, de forma a comprometer a inteligência da decisão e inviabilizar ou dificultar o direito de defesa da parte. Quando há a análise explícita da defesa contrariamente ao interesse da parte, certo ou errado, houve regular entrega da prestação jurisdicional, de forma que os embargos declaratórios não constituem o instrumento apto para alterá-la ou reformá-la. Agravo de instrumento não provido" (TST, 4ª T., AIRR 779.505/01.4 – 9ª R., rel. Min. Milton de Moura França, *DJU* 13-9-2002, p. 535).

"Embargos declaratórios – Contradição – Caracterização – A contradição que autoriza a oposição de embargos declaratórios, nos termos do art. 535, I, do CPC, diz respeito a proposições logicamente antagônicas entre si, ou seja, para configurar a contradição no julgado seria necessário que a ementa, a fundamentação ou a parte dispositiva do acórdão entrassem em choque umas com as outras, de modo a ficar estabelecida a contradição. Ademais, se no corpo do acórdão houvesse proposições que afirmassem e negassem uma mesma realidade sob o mesmo aspecto, ferindo o princípio aristotélico da não contradição (uma coisa não pode ser e não ser ao mesmo tempo e sob o mesmo aspecto), haveria igualmente campo para a oposição dos declaratórios, o que não se dá no caso presente. Embargos declaratórios rejeitados" (TST, 4ª T., ED-RR 718164/00.9 – 3ª R., rel. Min. Ives Gandra da Silva Martins, *DJU* 9-5-2003, p. 993).

Obscuridade vem do latim *obscuritas*, tendo o sentido de falta de clareza nas ideias e nas expressões. Não se compreende o contido na afirmação.

Declara Pontes de Miranda que a decisão é obscura quando é equívoca, ambígua ou ininteligível (*Comentários ao CPC*. Rio de Janeiro: Forense, p. 335).

Informa José Carlos Barbosa Moreira que a obscuridade é o defeito consistente na difícil compreensão do texto da sentença, decorrente de imperfeição redacional ou mesmo na formulação de conceitos, de modo que a sentença apresenta-se incompreensível no comando que impõe e na manifestação de conhecimento e vontade do juiz (*Comentários ao CPC*. Rio de Janeiro: Forense, 1981, v. 5, p. 241).

Ensina Vicente Greco Filho que obscuridade é:

> "o defeito consistente na difícil compreensão do texto da sentença e pode decorrer de simples defeito redacional ou mesmo de má formulação de conceitos. Há obscuridade quando a sentença está incompreensível no comando que impõe e na manifestação de conhecimento e vontade do juiz" (*Direito processual civil brasileiro*. 11. ed. São Paulo: Saraiva, 1996. v. 2, p. 260).

Obscuridade é a falta de clareza tanto na fundamentação como no *decisum*, na exposição das razões de decidir. Há afirmação ininteligível, prejudicando o entendimento do julgado. Não é o que ocorre na hipótese vertente.

Adverte Manoel Antônio Teixeira Filho que:

> "obscura é a sentença ininteligível, que não permite compreender-se o que consta de seu texto. É consequência, quase sempre, de um pronunciamento jurisdicional confuso, em que as ideias estão mal expostas ou mal articuladas. A parte não sabe, enfim, o que o juiz pretendeu dizer" (*Sistema de recursos trabalhistas*. 10. ed. São Paulo: LTr, 2003, p. 475).

Leciona José Frederico Marques que "o acórdão conterá obscuridade quando ambíguo e de entendimento impossível, ante os termos e enunciados equívocos que contém" (*Manual de direito processual civil*. Campinas: Bookseller, 1997. v. 3, p. 191-192). Não há obscuridade no caso dos autos, pois o embargante compreendeu muito bem o contido no acórdão.

Embargos de declaração não têm efeito infringente, como pretende o embargante, pois não existe disposição nesse sentido no art. 1.022 do CPC.

Reexame da decisão ou da prova não são hipóteses de embargos de declaração, mas do recurso próprio, pois não têm previsão no art. 1.022 do CPC. No mesmo sentido o entendimento do TST:

> "Mesmo nos embargos declaratórios com o fim de prequestionamento, há que se observarem os limites traçados no art. 535 do CPC (existência de obscuridade, contradição e omissão e, por construção jurisprudencial, a hipótese de erro material). Tal recurso não constitui meio hábil ao reexame da causa" (TST, ED RR 295.780/1996.0, *DJU* 16-2-2001, p. 635).

Com a publicação da sentença, o juiz cumpre o seu ofício jurisdicional.

Ora, a prestação jurisdicional se completou com a decisão dos embargos de declaração, que alterou a sentença original, concedendo os benefícios da justiça gratuita e dispensando o reclamante do pagamento das custas.

No caso dos autos, a sentença mantida pelo acórdão é aquela complementada com a alteração promovida pela decisão dos embargos de declaração do autor. Entendimento diverso não se admite, pois o processamento do recurso ordinário seria indeferido, por deserção, se não houvesse recolhimento de custas.

Ficou mantido o valor arbitrado para efeito de cálculo das custas, que foram dispensadas pelo juízo de origem.

Não houve mudança na decisão. Está mantido o que consta da sentença.

Dúvida não é hipótese de embargos de declaração, pois não tem previsão no art. 1.022 do CPC.

O juiz prestou a tutela jurisdicional julgando o recurso. O acórdão não é um diálogo entre o juiz e as partes ou seus advogados. Se o juiz fundamentou sua decisão, esclarecendo os motivos que lhe levaram a firmar seu convencimento, o seu raciocínio lógico, a prestação jurisdicional foi devidamente concedida às partes. Se os fundamentos estão certos ou errados, a matéria não é de embargos de declaração, mas do recurso próprio.

Pretende o embargante com os presentes embargos que o processo seja julgado duas vezes, com perda de tempo do juiz, que poderia estar examinando outro caso. Justifica tal procedimento protelatório a demora na prestação jurisdicional, implicando a aplicação de multa. Os embargos de declaração não têm por objetivo que o processo seja julgado duas vezes em relação à mesma matéria, nem têm efeito infringente, de tornar a examinar a matéria já julgada. É exatamente o que pretende o embargante, porém deve se valer do recurso próprio para esse fim.

Manoel Antonio Teixeira Filho vê na multa "necessidade de punir a parte que adotou uma atitude desrespeitosa do conteúdo ético do processo, como método estatal de solução dos conflitos de interesses" (*Sistema de recursos trabalhistas*. 10. ed. São Paulo: LTr, 2003, p. 482).

Afirma o Min. Milton de Moura França que a multa tem por objetivo "advertir a parte de sua falta de comportamento ético-jurídico em utilizar o recurso. Procedimento pedagógico e dissuasório para que atue no processo com lealdade e boa-fé" (A disciplina judiciária e a liberdade intelectual do magistrado, *Revista LTr*, n. 66-10/116, out. 2002).

Os presentes embargos são manifestamente protelatórios. Fica aplicada ao embargante a multa de 1% sobre o valor da causa corrigido, que reverterá ao reclamado.

No mesmo sentido há entendimento do TST:

> "Quando os Embargos de declaração são opostos pela parte a quem interessa a perpetuação da lide e baseiam-se em vício inexistente, é de ser aplicada a penalidade prevista no artigo 538, parágrafo único da CLT, ante o caráter manifestamente protelatório de que se revestem" (TST, ED-ED, E-RR 312.847/1996.3, rel. Min. Milton de Moura França, *DJU* 2-2-2001, p. 457).
>
> "Quando não verificadas as hipóteses de cabimento dos embargos declaratórios, à luz do artigo 535 do CPC, cabe a rejeição dos mesmos, sendo que, constatada a existência de expediente manifestamente protelatório, é de se condenar o embargante a pagar ao embargado a multa prevista no artigo 538 do CPC" (TST, SDI-2, ED-RO-AR 58.620/92, rel. Min. José Luiz Vasconcelos, *DJU* n. 191/97).

O recurso foi utilizado de forma abusiva pelo embargante. É de se aplicar o art. 187 do Código Civil, ao estabelecer que também comete ato ilícito o titular de um direito que, ao exercê-lo, excede manifestamente os limites impostos pela boa-fé. A utilização dos embargos denota manifesta má-fé processual.

A apresentação dos presentes embargos representa manifesta litigância de má-fé, pois as matérias aduzidas já tinham sido examinadas no acórdão. Determino que o embargante pague ao reclamado mais 2% sobre o valor da causa corrigido e 20% sobre o valor da causa corrigido a título de indenização, por litigância de má-fé, pois houve violação aos incisos VI e VII do art. 80 do CPC. O embargante se utilizou de recurso com intuito manifestamente protelatório e abusivo, tipificando litigância de má-fé, além de provocar incidente manifestamente infundado.

No mesmo sentido é o entendimento do TST:

> "Embargos declaratórios – Omissão não caracterizada – Desvirtuamento – Protelação. Se a decisão embargada não foi omissa, quer quanto à matéria (não ocorrência de diferenças salariais entre a tabela da Companhia Municipal de Transportes Coletivos (CMTC) e a tabela juntada pela própria executada, pois indicavam o mesmo piso salarial, não havendo nos autos outros meios probatórios capazes de afirmar o contrário), quer quanto aos fundamentos que firmaram o convencimento da Seção (se a Reclamada juntou equivocadamente a tabela da CMTC, e não da Transurb, não foi o julgador quem incorreu em erro, mas a própria Parte que cometeu o alegado equívoco, sendo que possível erro de valoração das provas constitui erro de julgamento, e não erro de fato, e a ocorrência de controvérsia e debate, com pronunciamento judicial sobre a discussão, atrai o § 2º do art. 485 do CPC como óbice ao corte rescisório), não estão caracterizadas as hipóteses do art. 897-A da CLT, bem como do art. 535 do CPC (de aplicação subsidiária), restando evidente que o intuito da Embargante é o

de rever o resultado do julgamento a seu favor, utilizando os embargos declaratórios com caráter infringente. 2. Litigância de má-fé – Imposição da multa do art. 18, § 2º, do CPC. A litigância de má-fé é uma imputação extremamente grave. Decorre o instituto do princípio processual segundo o qual as partes devem proceder em juízo com lealdade e boa-fé, não só nas relações recíprocas, como também em relação ao próprio juiz, devendo ser demonstrado o intuito de lesar a parte contrária, para que se possa concluir pela sua ocorrência. O Código de Processo Civil Italiano, por influência dos ensinamentos de Chiovenda, equipara a má-fé à culpa grave, para efeito da sanção processual (art. 96). Segundo o Código de Processo Civil Brasileiro, responde por perdas e danos aquele que pleitear de má-fé como autor, réu ou interveniente (art. 16), sendo que o Código estabelece, ainda, as hipóteses em que se caracteriza a litigância de má-fé, conforme consta no art. 17. É evidente que o fato de a parte sucumbir, exercendo seu direito de defesa, com a utilização de instrumentos previstos na legislação, a fim de defender suposto direito, não caracteriza, a princípio, a litigância temerária. Entretanto, em sede de embargos declaratórios, verifica-se o nítido intuito da Autora-Embargante em induzir o magistrado a acreditar em uma versão completamente diferente dos fatos constantes nos autos, denotando a malícia e a má-fé da parte, ao afirmar que 'jamais fundou seu pleito rescindendo na alínea V do art. 485, que trata de violação de dispositivo legal', buscando emprestar efeito modificativo aos embargos, para afastar a aplicabilidade da OJ n. 33 da SBDI-2 do TST, quando a petição inicial e as razões do seu recurso ordinário evidenciam o real propósito da Autora de obter o corte rescisório com fundamento em violação de lei. Nesse caso, impõe-se punir a parte por essa conduta, inquinada com ardil e malícia ao utilizar argumentos inverídicos que contradizem os fundamentos apresentados na ação rescisória pela própria Autora, incompatível com a boa-fé que deve pautar a atuação daqueles que vêm ao Judiciário postular a solução de seus conflitos. Embargos de declaração rejeitados, com aplicação de multa por protelação, cumulativa com multa por litigância de má-fé" (TST, SBDI-2 do TST, EDcl. Em RO em AR 68.984/2002-900-02-00.9, j. 17-6-2003, rel. Min. Ives Gandra da Silva Martins Filho, *DJU* 1 1º-8-2003, p. 769).

IV – DISPOSITIVO

Pelo exposto, conheço dos embargos, por serem tempestivos, e, no mérito, rejeito-os, aplicando ao embargante a multa de 1% sobre o valor da causa corrigido, que reverterá ao reclamado. Determino que o embargante pague ao reclamado mais 2% sobre o valor da causa corrigido e 20% sobre o valor da causa corrigido a título de indenização, por litigância de má-fé. É o meu voto.

Sergio Pinto Martins

Juiz do Trabalho

Capítulo 10

PROCEDIMENTOS ESPECIAIS

INQUÉRITO PARA APURAÇÃO DE FALTA GRAVE

Para a instauração do inquérito para apuração de falta grave contra empregado garantido com estabilidade, o empregador apresentará reclamação por escrito à Vara do Trabalho ou Juízo de Direito, dentro de 30 dias, contados da data da suspensão do empregado (art. 853 da CLT). A ação só pode ser apresentada por escrito. Não pode ser verbal.

Se tiver havido prévio reconhecimento da estabilidade do empregado, o julgamento do inquérito pela Vara do Trabalho ou Juízo de Direito não prejudicará a execução para pagamento dos salários devidos ao empregado, até a data da instauração do mesmo inquérito (art. 855 da CLT).

O número de testemunhas no inquérito para apuração de falta grave é de seis para cada parte.

Modelo de inquérito para apuração de falta grave

EXMO. SR. DR. JUIZ DA __ VARA DO TRABALHO DE SÃO PAULO

METALÚRGICA S.A. LTDA., com sede na av. Marginal, 31, São Paulo, inscrita no CNPJ sob n., por seu advogado que esta subscreve (doc. 1), vem, mui respeitosamente, à presença de V. Exa. requerer a instauração de INQUÉRITO PARA APURAÇÃO DE FALTA GRAVE contra P. C., brasileiro, casado, rebobinador, residente na rua das Flores, 51, São Paulo, com fundamento no art. 853 da CLT, de acordo com as razões a seguir aduzidas.

1) O requerido foi admitido na requerente em 31-1-1970. Exerce as funções de rebobinador, mediante salário mensal de R$ 1.000,00.

É considerado estável, por ter mais de 10 anos de serviço à requerente antes da Constituição de 1988 e não era optante do FGTS.

2) O requerido vem se apresentando embriagado no serviço habitualmente, tendo causado a perda de uma peça inteira na qual estava trabalhando, além de danos na rebobinadeira.

3) Foi advertido verbalmente em 31-1-2010. Em 5-5-2010, foi advertido por escrito (doc. 2). Em 6-7-2010, foi suspenso três dias por comparecer embriagado na empresa (doc. 3). Em 31-8-2010, compareceu à empresa novamente embriagado, quando causou danos à empresa, como foi anteriormente descrito.

A partir de 1º-9-2010, foi suspenso, como medida inicial para a instauração do inquérito para apuração de falta grave.

4) Requer a citação do requerido para contestar a presente ação.

O pedido deve ser acolhido com a consequente rescisão do contrato de trabalho do requerido, dada a justa causa cometida, na forma da alínea *f* do art. 482 da CLT.

Protesta provar o alegado por todos os meios de prova em direito admitidos, sem exclusão de nenhum, especialmente pelo depoimento pessoal do réu, sob pena de confissão (Súmula 74 do TST), oitiva de testemunhas, perícias, juntada de documentos e demais provas que se fizerem necessárias.

Dá à causa o valor de R$ 5.000,00.

Nestes termos,

P. deferimento.

São Paulo, ____ de ____ de ____.

Advogado ____

OAB n. ____

AÇÃO RESCISÓRIA

A Lei n. 11.495/2007 deu nova redação ao art. 836 da CLT: "É vedado aos órgãos da Justiça do Trabalho conhecer de questões já decididas, excetuados os casos expressamente previstos neste Título e a ação rescisória, que será admitida na forma do CPC, sujeita ao depósito prévio de 20% do valor da causa, salvo prova de miserabilidade jurídica do autor".

Há omissão na CLT sobre ação rescisória, aplicando-se o CPC.

A decisão de mérito, transitada em julgado, pode ser rescindida quando:

- se verificar que foi dada por prevaricação, concussão ou corrupção do juiz;
- proferida por juiz impedido ou absolutamente incompetente;
- resultar de dolo ou coação da parte vencedora em detrimento da parte vencida, ou de colusão entre as partes, a fim de fraudar a lei;
- ofender a coisa julgada;
- violar manifestamente norma jurídica.

A conclusão acerca da ocorrência de violação literal à disposição de lei pressupõe pronunciamento explícito, na sentença rescindenda, sobre a matéria veiculada (Súmula 298, I, do TST). O pronunciamento explícito exigido em ação rescisória diz respeito à matéria e ao enfoque específico da tese debatida na ação, e não, necessariamente, ao dispositivo legal tido por violado. Basta que o conteúdo da norma reputada violada haja sido analisado na decisão rescindenda para que se considere preenchido o pressuposto (II). Para efeito de ação rescisória, considera-se pronunciada explicitamente a matéria tratada na sentença quando, examinando remessa de ofício, o Tribunal simplesmente a confirma (III). A sentença meramente homologatória, que silencia sobre os motivos de convencimento do juiz, não se mostra rescindível, por ausência de pronunciamento explícito (IV). Não é absoluta a exigência de pronunciamento explícito na ação rescisória, ainda que essa tenha por fundamento violação de dispositivo de lei. Assim, prescindível o pronunciamento explícito quando o vício nasce no próprio julgamento, como se dá com a sentença *extra*, *citra* e *ultra petita* (V).

- se fundar em prova, cuja falsidade tenha sido apurada em processo criminal ou seja provada na própria ação rescisória;
- obtiver o autor, posteriormente ao trânsito em julgado, prova nova cuja existência ignorava, ou de que não pôde fazer uso, capaz, por si só, de lhe assegurar pronunciamento favorável;
- for fundada em erro de fato verificável do exame dos autos (art. 966 do CPC).

Há erro, quando a sentença admitir um fato inexistente, ou quando considerar inexistente um fato efetivamente ocorrido.

É indispensável, num como noutro caso, que não tenha havido controvérsia, nem pronunciamento judicial sobre o fato.

O TST, entretanto, tem orientação diversa, por meio da Súmula 259, que "só por ação rescisória é atacável o termo de conciliação previsto no parágrafo único do art. 831 da CLT".

Tem legitimidade para propor a ação:

- quem foi parte no processo ou o seu sucessor a título universal ou singular;
- o terceiro juridicamente interessado;
- o Ministério Público:
  - se não foi ouvido no processo, em que lhe era obrigatória a intervenção;
  - quando a sentença é o efeito de colusão das partes, a fim de fraudar a lei (art. 967 do CPC).

A petição inicial será elaborada com observância dos requisitos essenciais do art. 319 do CPC, devendo o autor:

- cumular ao pedido de rescisão, se for o caso, o de novo julgamento da causa;
- depositar a importância de 20% sobre o valor da causa, a título de multa, caso a ação seja, por unanimidade de votos, declarada inadmissível, ou improcedente.

Quem for ajuizar a ação rescisória terá de fazer depósito prévio de 20% do valor da causa, salvo prova de miserabilidade jurídica do autor.

A União, Estado, Município e o Ministério Público não têm de fazer o depósito do item 2.

O ajuizamento da ação rescisória não impede o cumprimento da sentença ou acórdão rescindendo, ressalvada a concessão, caso imprescindíveis e sob os pressupostos previstos em lei, de medidas de natureza cautelar ou antecipatória de tutela (art. 969 do CPC).

A contestação da ação rescisória é apresentada no prazo fixado pelo relator, entre 15 e 30 dias.

Concluída a instrução, será aberta vista, sucessivamente, ao autor e ao réu, pelo prazo de 10 dias, para razões finais. Em seguida, os autos subirão ao relator, fazendo-se o julgamento (art. 973 do CPC).

Acolhendo o pedido da ação rescisória, o tribunal rescindirá a sentença, proferirá, se for o caso, novo julgamento e determinará a restituição do depósito; declarando inadmissível ou improcedente a ação, a importância do depósito reverterá em favor do réu, sem prejuízo do disposto no § 2º do art. 82 do CPC.

O prazo para propor ação rescisória é de decadência de dois anos a contar do trânsito em julgado da decisão (art. 975 do CPC).

É cabível a condenação ao pagamento de honorários advocatícios em ação rescisória no processo trabalhista (Súmula 219, II, do TST).

Modelo de ação rescisória

EXMO SR. DR. JUIZ PRESIDENTE DO EGRÉGIO TRIBUNAL REGIONAL DO TRABALHO

Malharia a Vistosa LTDA., com sede na rua Cidade, n. 2, São Paulo, inscrita no CNPJ sob n., por seu advogado que esta subscreve (doc. 1), vem, mui respeitosamente, à presença de V. Exa. propor AÇÃO RESCISÓRIA contra P. P., brasileiro, casado, balconista, residente na Rua Um, n. 2, São Paulo/SP, com fundamento no art. 836 da CLT c/c art. 966 do CPC, de acordo com as razões de fato e de direito a seguir expostas.

O réu promoveu ação trabalhista contra a autora, postulando verbas rescisórias, tendo deixado arquivar a referida ação (proc. n. 1/99 na 1ª Vara do Trabalho de SP). Intentou uma segunda ação que teve o pedido rejeitado, vez que as verbas rescisórias já estavam pagas (proc. n. 50/99, perante a 2ª Vara do Trabalho de São Paulo).

Para surpresa da autora, foi ajuizada uma terceira ação, idêntica às anteriores. A ação foi julgada à revelia da empresa, estando em fase de execução do julgado (proc. n. 123/09, perante a 33ª Vara do Trabalho de São Paulo).

Ocorre que a terceira ação não poderia ter sido proposta em razão da existência de ofensa à coisa julgada (art. 966, IV, do CPC), que já tinha se constituído com o julgamento da segunda ação, em que a pretensão do autor foi rejeitada, eis que as verbas rescisórias já estavam pagas.

Em razão da violação da coisa julgada, pede a rescisão da sentença do proc. n. 123/09 da 33ª Vara do Trabalho de São Paulo, absolvendo a autora dos pedidos ali formulados.

Requer a citação do réu para contestar a presente, se o desejar, sob pena de revelia e confissão quanto à matéria de fato, devendo o pedido ser acolhido, rescindindo-se a sentença anteriormente mencionada e rejeitando-se integralmente a pretensão do autor contida naquela ação.

Protesta provar o alegado por todos os meios de prova em direito admitidos, sem exclusão de nenhum, especialmente pela juntada de documentos e demais provas que se fizerem necessárias.

Dá à causa o valor de R$ 10.000,00.

Nestes termos,

P. deferimento.

SP, ____

Advogado ____

OAB n. ____

MANDADO DE SEGURANÇA

O mandado de segurança é concedido "para proteger direito líquido e certo, não amparado por *habeas corpus* ou *habeas data*, quando o responsável pela ilegalidade ou abuso de poder for autoridade pública ou agente de pessoa jurídica no exercício de atribuições do Poder Público" (art. 5º, LXIX, da Constituição).

O mandado de segurança coletivo pode ser impetrado por:

- partido político com representação no Congresso Nacional;
- organização sindical, entidade de classe ou associação legalmente constituída e em funcionamento há pelo menos um ano, em defesa dos interesses de seus membros ou associados (art. 5º, LXX, da Constituição).

O mandado de segurança pode ser impetrado por qualquer pessoa, seja física ou jurídica.

No processo do trabalho, o mandado de segurança é ação de competência originária do TRT (art. 678, I, *b*, n. 3, da CLT). Nos tribunais em que não existam Grupo de Turmas ou Seção Especializada, a competência para julgar mandado de segurança é do Pleno. O TRT da 2ª Região possui seção especializada, que é competente para julgar o mandado de segurança, inclusive contra ato de seu presidente em execução de sentença trabalhista (Súmula 433 do STF).

A SDC do TST julgará, originariamente, os mandados de segurança contra os atos praticados pelo presidente do tribunal ou por qualquer dos ministros integrantes da referida seção, nos processos de dissídio coletivo (art. 2º, I, *d*, da Lei n. 7.701/88). A SBDI-2 do TST julgará os mandados de segurança de sua competência originária (art. 3º, I, *b*, da Lei n. 7.701/88).

Não se dará mandado de segurança nas hipóteses do art. 5º da Lei n. 12.016/2009:

- do ato do qual caiba recurso administrativo com efeito suspensivo independentemente de caução;
- de decisão judicial que couber recurso com efeito suspensivo;
- de decisão judicial transitada em julgado. É o mesmo entendimento da Súmula 268 do STF e da Súmula 33 do TST.

A petição do mandado de segurança deverá atender aos requisitos do art. 319 do CPC, contendo:

- o juiz ou tribunal a que é dirigida;
- a qualificação do impetrante;
- a autoridade coatora (Juiz do Trabalho, Superintendente Regional do Trabalho);
- os fatos e os fundamentos jurídicos do pedido;

- o pedido e suas especificações;
- o requerimento para intimação da autoridade coatora;
- o valor da causa.

A parte poderá na petição inicial pedir a concessão de medida liminar. Se o fundamento for relevante e do ato impugnado puder resultar a ineficácia da medida caso seja deferida, o juiz relator concederá a suspensão do ato que deu motivo ao pedido (art. 7º, III, da Lei n. 12.016/2009).

O mandado de segurança deve ser proposto no prazo de 120 dias a contar da ciência do ato a ser impugnado. Esse prazo é considerado de decadência.

As provas do mandado de segurança devem ser juntadas com a inicial. A exceção diz respeito à necessidade de requisitar documento ou processo administrativo que esteja em poder de ente público.

Autoridade coatora é o juiz do trabalho ou o delegado regional do trabalho, que impôs a multa administrativa ao empregador.

Será litisconsorte a parte contrária na ação.

No mandado de segurança, não cabe a condenação em honorários do advogado (art. 25 da Lei n. 12.016/2009).

Modelo de mandado de segurança contra ato do juiz

EXMO. SR. DR. JUIZ PRESIDENTE DO EGRÉGIO TRIBUNAL REGIONAL DO TRABALHO DA 2ª REGIÃO

O. N., brasileiro, casado, bancário, residente na Rua Espírito Santo, n. 122, titular do RG n. e do CPF n., por seu advogado que esta subscreve (doc. 1), vem, mui respeitosamente, à presença de V. Exa. impetrar MANDADO DE SEGURANÇA contra o ato do MM. Juiz da 33ª Vara do Trabalho de São Paulo, com fundamento no inciso LXIX do art. 5º da Constituição c/c as disposições da Lei n. 12.016/2009, de acordo com as razões abaixo elencadas.

O impetrante ajuizou ação trabalhista contra Banco P. S/A, postulando horas extras e integrações (doc. 2).

Ocorre que o MM. Juiz da 33ª Vara do Trabalho alterou arbitrariamente o valor da causa na sentença para o valor de R$ 100.000,00, não lhe possibilitando o direito de recurso, e ainda indeferiu o seu pedido de isenção das custas (doc. 3).

O direito de acesso ao segundo grau é determinado pelo princípio do duplo grau de jurisdição que está assegurado no inciso LV do art. 5º quando trata da ampla defesa. Ora, o impetrante não tem ampla defesa, pois não pode recorrer, apesar de ter apresentado recurso, que foi denegado seguimento pelo não pagamento das custas.

Entende que tem direito líquido e certo a isenção de custas, pois, além de perceber menos de dois salários mínimos, estava assistido pelo sindicato, firmando declaração de ser pobre na acepção jurídica do termo e sob as penas da lei (doc. 4).

Assim, entende que o ato cometido pelo Sr. Juiz da 33ª Vara do Trabalho de São Paulo é arbitrário, não lhe possibilitando o direito constitucional de recorrer, em razão de não ter sido concedida a isenção das custas, que é direito líquido e certo do impetrante, por atender ao art. 14 e seus parágrafos da Lei n. 5.584/70 e à Lei n. 1.060/50.

Espera seja conhecido e provido o presente mandado de segurança para cassar a ordem arbitrária do Exmo. Sr. Juiz da 33ª Vara do Trabalho de São Paulo, prosseguindo-se no processamento do recurso como de direito, pela concessão da justiça gratuita ao impetrante.

As provas dos fatos alegados estão anexadas à presente, devendo a autoridade coatora ser intimada para prestar informações em 10 dias, como de direito.

Dá à causa o valor de R$ 1.000,00

Nestes termos,

P. deferimento.

SP, ____

Advogado ____

OAB n. ____

MANDADO DE SEGURANÇA CONTRA O SUPERINTENDENTE REGIONAL DO TRABALHO

A Justiça do Trabalho passa a ter competência para examinar: "as ações relativas às penalidades administrativas impostas aos empregadores pelos órgãos de fiscalização das relações de trabalho" (art. 114, VII, da Constituição).

A palavra "ação" serve para qualquer tipo de ação, como o mandado de segurança impetrado contra o ato do Superintendente Regional do Trabalho que impôs multa administrativa ao empregador. Quem impõe a multa administrativa é o Superintendente Regional do Trabalho. A competência é da Vara do Trabalho.

Modelo de mandado de segurança contra o Superintendente Regional do Trabalho

EXMO. SR. DR. JUIZ __ DA VARA DO TRABALHO DE SÃO PAULO

Empresa de Mudanças Já Vai Ltda., com sede na Rua das Quatro Estações, n. 69, inscrita no CNPJ sob n., por seu advogado que esta subscreve (doc. 1), vem, mui respeitosamente, à presença de V. Exa. impetrar MANDADO DE SEGURANÇA contra o ato do Sr. Superintendente Regional do Trabalho de São Paulo, com fundamento no inciso LXIX do art. 5º da Constituição c/c as disposições da Lei n. 12.016/2009, de acordo com as razões abaixo elencadas.

Foi imposta multa administrativa ao impetrante pelo impetrado em razão de suposta violação à legislação trabalhista (doc. 2).

Entretanto, o impetrado não tem competência constitucional para impor multa administrativa em razão de reconhecimento de vínculo de emprego.

Somente a Justiça do Trabalho pode reconhecer a existência de vínculo de emprego, na forma do inciso I do art. 114 da Constituição. O auditor fiscal trabalhista não pode fazê-lo.

Destaque-se, ainda, que foi reconhecido vínculo de emprego com 113 trabalhadores, que na verdade prestam serviços como autônomos ou como cooperados.

O auditor fiscal não fez entrevistas individuais para saber se todos têm ou não vínculo de emprego. A Justiça do Trabalho é que teria competência para ouvir testemunhas para demonstrar que cada um dos trabalhadores é ou não empregado.

Tem a impetrante direito líquido e certo de a matéria ser analisada somente pela Justiça do Trabalho. Logo, resta insubsistente o auto de infração e imposição de multa lavrado contra a impetrante.

Espera seja conhecido e provido o presente mandado de segurança para anular o auto de infração e imposição de multa aplicado pela autoridade coatora.

As provas dos fatos alegados estão anexadas à presente, devendo a autoridade coatora ser intimada para prestar informações em 10 dias, como de direito.

Dá à causa o valor de R$ 1.000,00

Nestes termos,

P. deferimento.

SP, ____

Advogado ____

OAB n. ____

CONSIGNAÇÃO EM PAGAMENTO

A consignação pode ser feita de valores ou coisas.

Requerer-se-á a consignação no lugar do pagamento, cessando para o devedor, tanto que se efetue o depósito, os juros e os riscos, salvo se for rejeitado o pedido (art. 540 do CPC).

Tratando-se de prestações periódicas, uma vez consignada a primeira, pode o devedor continuar a consignar, no mesmo processo e sem mais formalidades, as que se forem vencendo, desde que os depósitos sejam efetuados até cinco dias, contados da data do vencimento (art. 541 do CPC).

O autor, na petição inicial, requererá o depósito da quantia ou da coisa devida, a ser efetivado no prazo de cinco dias contados do deferimento.

Se o objeto da prestação for coisa indeterminada e a escolha couber ao credor, será este citado para exercer o direito dentro de cinco dias, se outro prazo não constar de lei ou do contrato, ou para aceitar que o devedor o faça, devendo o juiz, ao despachar a petição inicial, fixar lugar, dia e hora em que se fará a entrega, sob pena de depósito (art. 543 do CPC).

Se ocorrer dúvida sobre quem deva legitimamente receber o pagamento, o autor requererá o depósito e a citação dos que o disputam para provarem o seu direito (art. 547 do CPC). É o caso de o empregador não saber a quem pagar as verbas rescisórias, em virtude do falecimento do empregado.

Na contestação, o réu poderá alegar que:

- não houve recusa ou mora em receber a quantia ou coisa devida;
- foi justa a recusa;
- o depósito não se efetuou no prazo ou no lugar do pagamento;
- o depósito não é integral.

Quando na contestação o réu alegar que o depósito não é integral, é lícito ao autor completá-lo, dentro em 10 dias, salvo se corresponder a prestação, cujo inadimplemento acarrete a rescisão do contrato.

Modelo de ação de consignação em pagamento

EXMO. SR. DR. JUIZ DA __ VARA DO TRABALHO DE SÃO PAULO

J. LTDA., com sede na Rua São Paulo, n. 11, São Paulo/SP, inscrita no CNPJ sob n., por seu advogado que esta subscreve (doc. 1), vem, mui respeitosamente, à presença de V. Exa. propor AÇÃO DE CONSIGNAÇÃO EM PAGAMENTO contra M. P. S., brasileira, solteira, secretária, residente na Rua dos Anjos, n. 32, São Paulo/SP, com fundamento nos arts. 539 e s. do CPC, de acordo com as razões de fato e de direito a seguir expostas.

1) A ré foi admitida na autora em 1º-1-2002 e dispensada em 31-1-2012, exercendo as funções de secretária. Percebia o último salário de R$ 1.000,00.

No entanto, a ré não mais compareceu à empresa após 31-1-2012 para o recebimento das verbas rescisórias que lhe eram devidas.

2) Para evitar que a ré venha exigir a multa do § 8º do art. 477 da CLT ou faça qualquer outra alegação, tem a presente por objeto que a demandada venha receber a importância de R$ 2.000,00, correspondente às suas verbas rescisórias devidamente corrigidas, visto que até a presente data não as recebeu, não mais comparecendo à empresa.

3) Assim, nos termos dos incisos I e II do art. 335 do Código Civil, combinados com os arts. 539 e s. do CPC, vem requerer a V. Exa. a citação da ré para responder à presente, sob pena de revelia, e o depósito da quantia, a ser efetivado no prazo de cinco dias contado do deferimento, com o acolhimento do pedido e consequente extinção da obrigação atinente ao pagamento das verbas rescisórias.

Protesta provar o alegado por todos os meios de provas em direito admitidos, especialmente pelo depoimento pessoal da ré, sob pena de confissão (Súmula 74 do TST), oitiva de testemunhas, perícias, juntada de novos documentos e demais provas que se fizerem necessárias.

Dá à causa o valor de R$ 2.000,00.

Nestes termos,

P. deferimento.

SP, ____

Advogado ____

OAB n. ____

Modelo de ação de consignação em pagamento em relação a empregado falecido

EXMO. SR. DR. JUIZ DA __ VARA DO TRABALHO DE SÃO PAULO

J. LTDA., com sede na Rua São Paulo, n. 11, São Paulo/SP, inscrita no CNPJ sob n., por seu advogado que esta subscreve (doc. 1), vem, mui respeitosamente, à presença de V. Exa. propor AÇÃO DE CONSIGNAÇÃO EM PAGAMENTO contra Espólio de Mario da Silva, com endereço na Rua Aparecida do Norte, n. 24, São Paulo/SP, com fundamento nos arts. 539 e s. do CPC, de acordo com as razões de fato e de direito a seguir expostas.

1) Mário da Silva foi admitido na autora em 1º-1-2008 e faleceu em 24-9-2012. Exercia as funções de motorista. Percebia o último salário de R$ 600,00.

A autora não sabe a quem pagar as verbas rescisórias, pois o réu tem vários filhos menores e de mais de um casamento.

2) Dispõe o art. 547 do CPC que "Se ocorrer dúvida sobre quem deva legitimamente receber o pagamento, o autor requererá o depósito e a citação dos que o disputam para provarem o seu direito".

Para evitar que o réu venha exigir a multa do § 8º do art. 477 da CLT ou faça qualquer outra alegação, tem a presente por objeto que o demandado venha receber a importância de R$ 3.000,00, correspondente às suas verbas rescisórias devidamente corrigidas, visto que até a presente data não as recebeu, não mais comparecendo à empresa.

3) Assim, nos termos dos incisos I e II do art. 335 do Código Civil, combinados com os arts. 539 e s. do CPC, vem requerer a V. Exa. a citação do réu para responder à presente,

sob pena de revelia, e o depósito da quantia, a ser efetivado no prazo de cinco dias, contado do deferimento, com o acolhimento do pedido e consequente extinção da obrigação atinente ao pagamento das verbas rescisórias.

Protesta provar o alegado por todos os meios de provas em direito admitidos, especialmente pelo depoimento pessoal do réu, sob pena de confissão (Súmula 74 do TST), oitiva de testemunhas, perícias, juntada de novos documentos e demais provas que se fizerem necessárias.

Dá à causa o valor de R$ 3.000,00.

Nestes termos,

P. deferimento.

SP, ____

Advogado ____

OAB n. ____

AÇÃO DE EXIGIR CONTAS

A ação de exigir contas competirá a quem tiver:

- o direito de exigi-las;
- a obrigação de prestá-las.

Aquele que afirmar ser titular do direito de exigir contas requererá a citação do réu para, no prazo de 15 dias, apresentá-las ou contestar a postulação (art. 550 do CPC).

No processo do trabalho, a contestação será apresentada em audiência.

Aquele que estiver obrigado a prestar contas requererá a citação do réu para, no prazo de cinco dias, aceitá-las ou contestar a ação.

A sentença apurará o saldo e constituirá título executivo judicial (art. 552 do CPC).

Modelo de ação de exigir contas

EXMO. SR. DR. JUIZ DA __ VARA DO TRABALHO DE SÃO PAULO

A. S., brasileiro, casado, vendedor, residente na Rua Um, n. 2, titular do RG n. e do CPF n., por seu advogado que esta subscreve (doc. 1), vem, mui respeitosamente, à presença de V. Exa. apresentar AÇÃO DE EXIGIR CONTAS contra COML. S. LTDA., com sede na Rua Agamenon, n. 12, com fundamento no art. 915 e s. do CPC, de acordo com as razões a seguir aduzidas.

1) O requerente é empregado da reclamada desde 17-5-1988, atuando sempre como vendedor de produtos da ré.

Sempre prestou contas de suas vendas.

Ocorre que ultimamente a ré vem se recusando a receber as contas das últimas vendas realizadas.

Para que não se alegue a pecha de improbidade do autor, o postulante vem a juízo apresentar as contas das vendas realizadas, de acordo com as notas fiscais de vendas.

2) O montante das vendas realizadas importa em R$ 100.000,00, conforme o demonstrativo anexo de vendas.

3) Requer a citação da ré para contestar a presente ação, se o desejar, sob pena de serem consideradas verdadeiras as suas alegações e corretas as contas apresentadas pelo autor.

Protesta provar o alegado por todos os meios de prova em direito admitidos, sem exclusão de nenhum, especialmente pelo depoimento pessoal da ré, oitiva de testemunhas, juntada de novos documentos, perícias etc.

Dá-se à causa o valor de R$ 100.000,00.

Nestes termos,

P. deferimento.

SP, ____

Advogado ____

OAB n. ____

AÇÃO POSSESSÓRIA

A CLT não trata de ações possessórias. Assim, deve ser aplicado o CPC.

O STF entende que "A Justiça do Trabalho é competente para processar e julgar ação possessória ajuizada em decorrência do exercício do direito de greve pelos trabalhadores da iniciativa privada" (Súmula Vinculante 23).

Modelo de ação possessória

EXMO. SR. DR. JUIZ DA __ VARA DO TRABALHO DE SÃO PAULO

M & CIA. LTDA., com sede na Rua das Palmeiras, n. 13, inscrita no CNPJ sob n., por seu advogado que esta subscreve (doc. 1), vem, mui respeitosamente, à presença de V. Exa. propor AÇÃO POSSESSÓRIA contra R. M. C., brasileira, solteira, vendedora, residente na Rua dos Tuins, n. 15, de acordo com as razões a seguir aduzidas.

A ré trabalhou para a empresa no período de 1º-1-1997 a 31-1-2012 como vendedora.

Ficava a ré na posse do veículo Volkswagen placa AB.... para a realização das vendas, pertencente à requerente (doc. 2).

Ocorre que até a presente data a requerida não devolveu o referido veículo.

Requer se digne V. Exa. citar a requerida para devolver o veículo que está em sua posse, condenando a ré na referida devolução.

Protesta provar o alegado por todos os meios de prova em direito admitidos, sem exclusão de nenhum, especialmente pelo depoimento pessoal da ré, oitiva de testemunhas, juntada de novos documentos, perícias e demais provas que se fizerem necessárias.

Dá-se à causa o valor de R$ 1.000,00.

Nestes termos,

P. deferimento.

SP, ____

Advogado ____

OAB n. ____

Modelo de reintegração de posse em caso de greve

EXMO. SR. DR. JUIZ DA __ VARA DO TRABALHO DE SÃO PAULO

BANCO X LTDA., com sede na rua do Bosque, n. 24, Centro, São Paulo-SP, inscrita no CNPJ sob n., por seu advogado que esta subscreve (doc. 1), vem, mui respeitosamente, à presença de V. Exa. propor AÇÃO POSSESSÓRIA contra Sindicato dos Bancários de São Paulo, com sede na rua do Xingu, n. 188, São Paulo-SP, com fundamento nos arts. 560 a 566 do CPC, de acordo com as razões a seguir aduzidas.

O Sindicato deflagrou greve na vigência da norma coletiva da categoria que vem sendo cumprida da forma como posta.

O réu, por meio dos seus filiados, ocupa as agências bancárias do autor. Não deixa os funcionários que querem entrar trabalhar. Não permite, também, que os clientes entrem na agência.

Em razão disso, pede a reintegração de posse de suas agências da cidade de São Paulo, com a concessão de liminar para expedição do mandado para imediata reintegração de posse.

Requer a reintegração de posse das suas agências, mediante a citação do réu para responder à presente ação, se o desejar, condenando-o na desocupação das agências e reintegração da posse pelo autor, com o pagamento das custas do processo.

Protesta provar o alegado por todos os meios de prova em direitos admitidos, sem exclusão de nenhum, especialmente pelo depoimento pessoal do réu, oitiva de testemunhas, juntada de documentos, perícias e demais provas que se fizerem necessárias.

Dá-se à causa o valor de R$ 10.000,00.

Nestes termos,

P. deferimento.

SP, ____

Advogado ____

OAB n. ____

HABILITAÇÃO INCIDENTE

A habilitação tem lugar quando, por falecimento de qualquer das partes, os interessados houverem de suceder-lhe no processo (art. 687 do CPC).

Pode ser requerida a habilitação:

- pela parte, em relação aos sucessores do falecido;
- pelos sucessores do falecido, em relação à parte.

Recebida a petição inicial, ordenará o juiz a citação dos requeridos para contestar a ação no prazo de cinco dias.

Achando-se a causa no tribunal, a habilitação processar-se-á perante o relator e será julgada conforme o disposto no regimento interno.

Proceder-se-á à habilitação nos autos da causa principal e independentemente de sentença quando:

- promovida pelo cônjuge e herdeiros necessários, desde que provem por documento o óbito do falecido e a sua qualidade;
- em outra causa, sentença passada em julgado houver atribuído ao habilitando a qualidade de herdeiro ou sucessor;
- o herdeiro for incluído sem qualquer oposição no inventário;
- estiver declarada a ausência ou determinada a arrecadação da herança jacente;
- oferecidos os artigos de habilitação, a parte reconhecer a procedência do pedido e não houver oposição de terceiros.

Passada em julgado a sentença de habilitação, ou admitida a habilitação nos casos em que independer de sentença, a causa principal retomará o seu curso, e cópia da sentença será juntada aos autos respectivos (art. 692 do CPC).

Modelo de habilitação incidente

EXMO. SR. DR. JUIZ DA 33ª VARA DO TRABALHO DE SÃO PAULO

Proc. n. 123/07

C. S. e J. S. (menor, filho da primeira e de M. S.), por seu advogado que esta subscreve (doc. 1), nos autos da reclamação trabalhista proposta por M. S. contra Empresa das Portas LTDA., vêm, mui respeitosamente, à presença de V. Exa. requerer habilitação incidente, nos termos das razões seguintes.

C. S. é esposa e J. S. é filho do falecido M. S. O falecimento deu-se em 15-12-2012 (doc. 2).

A Lei n. 6.858/80, permite que valores não recebidos pelo empregado sejam pagos aos seus dependentes habilitados perante a Previdência Social.

O falecido não deixou bens a inventariar, sendo os requerentes seus beneficiários perante a Previdência Social (doc. 3).

Sendo assim, vêm requerer a habilitação dos herdeiros do reclamante nos autos, como medida de Direito, dando-se vistas da presente à parte contrária.

Nestes termos,

P. deferimento.

SP, ____

Advogado ____

OAB n. ____

RESTAURAÇÃO DOS AUTOS

Verificado o desaparecimento dos autos, pode qualquer das partes promover-lhes a restauração (art. 712 do CPC). Havendo autos suplementares, nestes prosseguirá o processo.

Na petição inicial, declarará a parte o estado da causa ao tempo do desaparecimento dos autos, oferecendo:

- certidões dos atos constantes do protocolo de audiências do cartório por onde haja corrido o processo;
- cópia dos requerimentos que dirigiu ao juiz;
- quaisquer outros documentos que facilitem a restauração.

A parte contrária será citada para contestar o pedido no prazo de cinco dias, cabendo-lhe exibir as cópias, contrafés e mais reproduções dos atos e documentos que estiverem em seu poder (art. 714 do CPC).

Se a parte concordar com a restauração, lavrar-se-á o respectivo auto que, assinado pelas partes e homologado pelo juiz, suprirá o processo desaparecido.

Se o desaparecimento dos autos tiver ocorrido depois da produção das provas em audiência, o juiz mandará repeti-las (art. 715 do CPC). Serão reinquiridas as mesmas testemunhas; mas se estas tiverem falecido ou se acharem impossibilitadas de depor e não houver meio de comprovar de outra forma o depoimento, poderão ser substituídas.

Não havendo certidão ou cópia do laudo, far-se-á nova perícia, sempre que for possível e de preferência pelo mesmo perito.

Não havendo certidão de documentos, estes serão reconstituídos mediante cópias e, na falta, pelos meios ordinários de prova.

Se o juiz houver proferido sentença da qual possua cópia, esta será junta aos autos e terá a mesma autoridade da original.

Julgada a restauração, seguirá o processo os seus termos. Aparecendo os autos originais, nestes se prosseguirá, sendo-lhes apensados os autos da restauração. Os autos suplementares serão restituídos ao cartório, deles se extraindo certidões de todos os atos e termos, a fim de completar os autos originais.

Se o desaparecimento dos autos tiver ocorrido no tribunal, a ação será distribuída, sempre que possível, ao relator do processo (art. 717 do CPC). A restauração far-se-á no juízo de origem quanto aos atos que neste se tenham realizado. Remetidos os autos ao tribunal, aí se completará a restauração e se procederá ao julgamento.

Modelo de restauração de autos

EXMO. SR. DR. JUIZ DA 33ª VARA DO TRABALHO DE SÃO PAULO

Proc. n. 596/04

V. T., por seu advogado que esta subscreve, nos autos da ação trabalhista proposta contra COLÉGIO M. LTDA., vem, mui respeitosamente, à presença de V. Exa. requerer restauração de autos, de acordo com as razões a seguir expostas.

O requerente compareceu à secretaria da Vara no dia 1º-10-2008, quando verificou que os autos do processo n. 596/04 foram extraviados.

Dessa forma, pretende o requerente a restauração dos autos, para que possa prosseguir na execução da sentença.

Para tanto, junta cópias das peças que possui, como petição inicial, sentença e outros requerimentos efetuados nos autos (doc. 2).

Nestes termos,

P. deferimento.

SP, ____

Advogado ____

OAB n. ____

AÇÃO REVISIONAL

A CLT não trata da ação revisional, sendo aplicável o CPC.

Dispõe o inciso I do art. 505 do CPC que se, tratando-se de relação jurídica de trato continuado, sobreveio modificação no estado de fato ou de direito, poderá a parte pedir a revisão do que foi estatuído na sentença.

Normalmente, a ação revisional é usada para rever sentença que transitou em julgado e que analisou pedido de adicional de insalubridade ou de periculosidade, em razão de que houve mudança no ambiente de trabalho.

Modelo de ação revisional

EXMO. SR. DR. JUIZ DA 33ª VARA DO TRABALHO DE SÃO PAULO

Distribuição por dependência ao processo n. 123/07

M. S., brasileiro, casado, soldador, titular da CTPS n. 456789, série 000134, residente na Rua 1, n. 2, titular do RG n. e do CPF n., por seu advogado que esta subscreve (doc. 1), vem, mui respeitosamente, à presença de V. Exa. propor AÇÃO REVISIONAL contra Indústrias Bola Sete Ltda., com sede na Rua dos Investigadores, n. 71, inscrita no CNPJ sob n., com fundamento nos arts. 505, I, do CPC e 194 da CLT, de acordo com as razões a seguir aduzidas.

O requerente propôs reclamação trabalhista contra a requerida, pleiteando adicional de insalubridade perante esta 33ª Vara do Trabalho de São Paulo, proc. n. 123/07 (doc. 2). Obteve ganho de causa, em que foi deferido o adicional de insalubridade em grau médio, que continua recebendo, pois permanece trabalhando na empresa.

Ocorre que as condições do ambiente de trabalho ficaram piores, pois o requerente mudou de seção, passando a trabalhar na seção da caldeiraria (14-5-2012), tendo contato com arsênico, pois o referido produto é fabricado e preparado em sua seção, onde é feita a fase final de preparação das tintas da reclamada. Tem, assim, direito ao adicional de insalubridade em grau máximo, de acordo com o anexo 13 da NR 15 da Portaria n. 3.214/78, devendo ser verificado mediante perícia, que desde já requer.

Pelo exposto, requer a revisão da decisão do processo n. 123/07 desta Vara, para condenar a reclamada a pagar o adicional de insalubridade em grau máximo e reflexos nas férias mais 1/3, 13ºˢ salários e FGTS, descontado o adicional que já recebe, em parcelas vencidas e vincendas, a partir de 14-5-2012.

Protesta provar o alegado por todos os meios de prova em direito admitidos, sem exclusão de nenhum, especialmente pelo depoimento pessoal da reclamada (Súmula 74 do TST), testemunhas, perícias e demais provas que se fizerem necessárias.

Requer, ainda, que o presente processo seja distribuído por dependência ao processo n. 123/07 da 33ª Vara do Trabalho de São Paulo.

Dá à causa o valor de R$ 10.000,00.

Nestes termos,

P. deferimento.

SP, ____

Advogado ____

OAB n. ____

HABEAS CORPUS

Dispõe o inciso LXVIII do art. 5º da Constituição que "conceder-se-á *habeas corpus* sempre que alguém sofrer ou se achar ameaçado de sofrer violência ou coação em sua liberdade de locomoção, por ilegalidade ou abuso de poder".

O inciso IV do art. 114 da Constituição atribui competência à Justiça do Trabalho para processar e julgar o *habeas corpus* quando o ato questionado compreender matéria sujeita à sua competência. O exemplo na Justiça do Trabalho é a prisão do depositário infiel na execução.

Dar-se-á *habeas corpus* sempre que alguém sofrer ou se achar na iminência de sofrer violência ou coação ilegal na sua liberdade de ir e vir, salvo nos casos de punição disciplinar (art. 647 do CPP).

A coação considerar-se-á ilegal:

- quando não houver justa causa;
- quando alguém estiver preso por mais tempo do que determina a lei;
- quando quem ordenar a coação não tiver competência para fazê-lo;
- quando houver cessado o motivo que autorizou a coação;
- quando não for alguém admitido a prestar fiança, nos casos em que a lei a autoriza;
- quando o processo for manifestamente nulo;
- quando extinta a punibilidade.

O juiz ou o tribunal, dentro dos limites da sua jurisdição, fará passar imediatamente a ordem impetrada, nos casos em que tenha cabimento, seja qual for a autoridade coatora.

A concessão do *habeas corpus* não obstará, nem porá termo ao processo, desde que este não esteja em conflito com os fundamentos daquela.

Ordenada a soltura do paciente em virtude de *habeas corpus*, será condenada nas custas a autoridade que, por má-fé ou evidente abuso de poder, tiver determinado a coação.

O *habeas corpus* poderá ser impetrado por qualquer pessoa, em seu favor ou de outrem, bem como pelo Ministério Público (art. 654 do CPP).

A petição de *habeas corpus* conterá:

- o nome da pessoa que sofre ou está ameaçada de sofrer violência ou coação e o de quem exercer a violência, coação ou ameaça;
- a declaração da espécie de constrangimento ou, em caso de simples ameaça de coação, as razões em que funda o seu temor;

- a assinatura do impetrante, ou de alguém a seu rogo, quando não souber ou não puder escrever, e a designação das respectivas residências.

Os juízes e os tribunais têm competência para expedir, de ofício, ordem de *habeas corpus*, quando no curso de processo verificarem que alguém sofre ou está na iminência de sofrer coação ilegal.

Recebida a petição de *habeas corpus*, o juiz, se julgar necessário, e estiver preso o paciente, mandará que este lhe seja imediatamente apresentado em dia e hora que designar.

Se o juiz ou o tribunal verificar que já cessou a violência ou coação ilegal, julgará prejudicado o pedido.

Efetuadas as diligências, e interrogado o paciente, o juiz decidirá, fundamentadamente, dentro de 24 horas.

Se a decisão for favorável ao paciente, será logo posto em liberdade, salvo se por outro motivo dever ser mantido na prisão.

Se os documentos que instruírem a petição evidenciarem a ilegalidade da coação, o juiz ou o tribunal ordenará que cesse imediatamente o constrangimento.

Se a ordem de *habeas corpus* for concedida para evitar ameaça de violência ou coação ilegal, dar-se-á ao paciente salvo-conduto assinado pelo juiz.

Será incontinenti enviada cópia da decisão à autoridade que tiver ordenado a prisão ou tiver o paciente à sua disposição, a fim de juntar-se aos autos do processo.

Recebidas as informações, ou dispensadas, o *habeas corpus* será julgado na primeira sessão, podendo, entretanto, adiar-se o julgamento para a sessão seguinte.

A decisão será tomada por maioria de votos. Havendo empate, se o presidente não tiver tomado parte na votação, proferirá voto de desempate; no caso contrário, prevalecerá a decisão mais favorável ao paciente.

O secretário do tribunal lavrará a ordem que, assinada pelo presidente do tribunal, câmara ou turma, será dirigida, por ofício ou telegrama, ao detentor, ao carcereiro ou autoridade que exercer ou ameaçar exercer o constrangimento.

Modelo de *habeas corpus*

EXMO. SR. DR. JUIZ PRESIDENTE DO E. TRT DA 2ª REGIÃO

Lindocláudio S., brasileiro, casado, vendedor, residente e domiciliado na Rua dos Ingleses, n. 15, titular do RG n. e do CPF n., por seu advogado que esta subscreve (doc. 1), vem, mui respeitosamente, à presença de V. Exa. impetrar *HABEAS CORPUS* contra ato do juiz da 33ª Vara do Trabalho de São Paulo, pelos motivos de fato e de direito a seguir aduzidos.

O impetrante está preso por ordem do MM. Juiz do Trabalho da 33ª Vara do Trabalho de São Paulo, que alega que o requerente é depositário infiel, conforme processo n. 123/07.

Ocorre que o bem que lhe foi confiado para depósito foi vendido, porém o requerente pagou a dívida ao reclamante, João Ubó, no processo n. 123/07 (doc. 2), não mais se justificando o depósito, nem mesmo sua prisão. Informou esses fatos ao juízo, conforme doc. 3, porém continua preso.

O STF entendeu que não existe possibilidade de prisão de depositário infiel, ao analisar o Pacto de São José da Costa Rica.

Requer o deferimento do *habeas corpus*, ordenando-se a imediata soltura do impetrante, inclusive com a concessão de medida liminar para o mesmo fim.

Protesta provar o alegado por todos os meios em direito admitidos, especialmente por documentos e o depoimento pessoal do reclamante João Ubó.

Dá à causa o valor de R$ 1.000,00.

Nestes termos,

P. deferimento.

SP, ____

Advogado ____

OAB n. ____

PRESTAÇÃO ESPECÍFICA DE OBRIGAÇÃO DE FAZER OU NÃO FAZER

Na ação que tenha por objeto o cumprimento de obrigação de fazer ou não fazer, o juiz concederá a tutela específica da obrigação ou, se acolhido o pedido, determinará providências que assegurem o resultado prático equivalente ao do adimplemento (art. 497 do CPC).

A obrigação somente se converterá em perdas e danos se o autor o requerer ou se impossível a tutela específica ou a obtenção do resultado prático correspondente.

A indenização por perdas e danos dar-se-á sem prejuízo da multa.

Sendo relevante o fundamento da demanda e havendo justificado receio de ineficácia do provimento final, é lícito ao juiz conceder a tutela liminarmente ou mediante justificação prévia, citado o réu. A medida liminar poderá ser revogada ou modificada, a qualquer tempo, em decisão fundamentada.

O juiz poderá, na hipótese do parágrafo anterior ou na sentença, impor multa diária ao réu, independentemente de pedido do autor, se for suficiente ou compatível com a obrigação, fixando-lhe prazo razoável para o cumprimento do preceito.

Para a efetivação da tutela específica ou a obtenção do resultado prático equivalente, poderá o juiz, de ofício ou a requerimento, determinar as medidas necessárias, tais como a imposição de multa por tempo de atraso, busca e apreensão, remoção de pessoas e coisas, desfazimento de obras e impedimento de atividade nociva, se necessário com requisição de força policial.

O juiz poderá, de ofício, modificar o valor ou a periodicidade da multa, caso verifique que se tornou insuficiente ou excessiva.

Muitas vezes, a tutela antecipada é usada para pedir reintegração do empregado com garantia de emprego (obrigação de fazer) e pagamento das verbas salariais e reflexos (obrigação de fazer).

O inciso IX do art. 649 da CLT permite a concessão de liminar até a sentença para obstar transferência abusiva de empregado. O inciso X do mesmo artigo também permite a concessão de liminar até a sentença, em ações trabalhistas que visem reintegrar no emprego dirigente sindical afastado, suspenso ou dispensado pelo empregador. Nestes casos, já existe remédio específico na CLT, não sendo o caso de se observar o CPC.

Modelo de prestação de obrigação de fazer ou não fazer

EXMO. SR. DR. JUIZ DA __ VARA DO TRABALHO DE SÃO PAULO

Lindomara R., brasileira, casada, professora, residente na rua Prof. Antonio Nicácio, n. 51, São Paulo, SP, titular do RG n. ____ e do CPF n. ____, vem, por seu advogado (doc. 1), mui respeitosamente, à presença de Vossa Excelência, ajuizar ação contra A Maioral Ltda., com sede na Rua 25 de Março, n. 69, Centro, São Paulo, CEP 01240-030, com fundamento nos arts. 497 do CPC e 840 da CLT, de acordo com as razões a seguir aduzidas.

1) Dos fatos

A requerente deu à luz um menino (doc. 3), que atualmente tem dois meses.

Entretanto, a empresa não permite que a requerente amamente seu filho.

2) Fundamentos

O art. 396 da CLT dispõe que, para amamentar o próprio filho, até que este complete seis meses de idade, a mulher terá direito, durante a jornada de trabalho, a dois descansos especiais, de meia hora cada um.

A empresa não tem respeitado tal determinação legal.

O art. 497 do CPC permite a prestação específica de obrigação de fazer, que no caso dos autos consiste em a empresa conceder os dois intervalos especiais de meia hora cada um para amamentar seu filho, até que ele complete seis meses.

3) Pedido

Pede:

a) a concessão de prestação específica de obrigação de fazer para que a empresa conceda o intervalo do art. 396 da CLT;

b) a confirmação da tutela por sentença com a confirmação do pedido.

Requer a citação da ré para contestar a presente postulação, se o desejar, sob pena de revelia e confissão quanto a matéria de fato, que a final deverá ser acolhida, condenando a reclamada na forma do pedido, acrescido de juros e correção monetária.

4) Provas

Protesta provar o alegado por todos os meios de prova em direito admitidos, sem exclusão de nenhum, especialmente pelo depoimento pessoal da ré, sob pena de confissão (Súmula 74 do TST), oitiva de testemunhas, perícias, juntada de documentos e demais provas que se fizerem necessárias.

Dá à causa o valor de R$ 10.000,00.

Nestes termos,

Pede deferimento.

SP, ____

ADVOGADO ____

OAB n. ____

AÇÃO MONITÓRIA

A ação monitória pode ser proposta por aquele que afirmar, com base em prova escrita sem eficácia de título executivo, pagamento de soma em dinheiro, entrega de coisa fungível ou de determinado bem móvel (art. 700 do CPC).

Estando a petição inicial devidamente instruída, o juiz deferirá, de plano, a expedição do mandado de pagamento ou de entrega da coisa no prazo de 15 dias.

Os exemplos da utilização da ação monitória são de termo de rescisão do contrato de trabalho não quitado; acordo extrajudicial para pagamento de verbas rescisórias, aviso prévio de férias e pagamento delas, confissão de dívida.

O certo seria apresentar a defesa em audiência, que é chamada de embargos monitórios.

Se os embargos não forem opostos, constituir-se-á, de pleno direito, o título executivo judicial, convertendo-se o mandado inicial em mandado executivo.

Cumprindo o réu o mandado, ficará isento de custas e honorários advocatícios.

Os embargos independem de prévia segurança do juízo e serão processados nos próprios autos, pelo procedimento ordinário.

Rejeitados os embargos, constituir-se-á, de pleno direito, o título executivo judicial, intimando-se o devedor.

Modelo de ação monitória

EXMO. SR. DR. JUIZ DA __ VARA DO TRABALHO DE SÃO PAULO

Mitiko S., brasileiro, casado, enrolador, titular da CTPS n. ____, residente e domiciliado na Rua Três, n. 2, titular do RG n. e do CPF n., por seu advogado e procurador (doc. 1) vem, mui respeitosamente, à presença de V. Exa. propor AÇÃO MONITÓRIA contra Empresa de Mudanças Já Vai Ltda., com sede na rua Jaboticabal, n. 24, inscrita no CNPJ sob n., com fundamento nos arts. 700 e s. do CPC, de acordo com as razões a seguir aduzidas.

O reclamante foi admitido na reclamada em 1º-1-2006 e dispensado em 11-1-2012.

A empresa lhe forneceu o termo de rescisão do contrato de trabalho, em que confessa dever R$ 1.112,21 a título de verbas rescisórias (doc. 2), tanto que o reclamante sacou o FGTS (doc. 3).

As verbas rescisórias foram pagas com cheque sem fundo (doc. 4).

Requer a expedição de mandado de pagamento da importância de R$ 1.112,21, com juros e correção monetária, no prazo de 15 dias. Se os embargos não forem opostos, que seja constituído o título executivo judicial, convertendo-se o mandado inicial em mandado executivo, na forma dos arts. 824 a 869 do CPC.

Assim, deve o reclamado ser condenado na forma do pedido, respondendo pelas custas processuais.

Protesta provar o alegado por todos os meios de prova em direito admitidos, sem exclusão de nenhum, especialmente pelo depoimento pessoal da ré, sob pena de confissão (Súmula 74 do TST), oitiva de testemunhas, perícias, juntada de documentos e demais provas que se fizerem necessárias.

Dá-se à causa o valor de R$ 1.150,00.

Nestes termos,

Pede deferimento.

SP, ____

Advogado ____

OAB n. ____

ANULAÇÃO DE CLÁUSULAS CONVENCIONAIS

A ação de anulação de cláusulas convencionais é usada para anular determinada cláusula convencional, como a que exige contribuição confederativa ou assistencial para não associados do sindicato.

O TST entende que a competência é dos tribunais regionais do trabalho e não do primeiro grau.

Modelo de anulação de cláusulas convencionais

EXMO. SR. DR. JUIZ DA __ VARA DO TRABALHO DE SÃO PAULO

MINISTÉRIO PÚBLICO DO TRABALHO, por seu procurador infra-assinado, vem, mui respeitosamente, à presença de V. Exa. propor AÇÃO ANULATÓRIA de cláusulas convencionais contra Sindicato dos Trabalhadores ____ e Sindicato das Empresas ____, de acordo com as razões a seguir aduzidas.

1) Os fatos

Foi firmada convenção coletiva por Sindicato dos Trabalhadores ____ e Sindicato das Empresas ____. Nela foi estabelecida cláusula determinando o desconto obrigatório da contribuição confederativa, tanto dos associados como dos não associados ao sindicato (cláusula 10, fls. 5).

Destaque-se que os associados pagam 5% e os não associados pagam 10%.

2) O Direito

Os descontos de contribuição confederativa só podem ser feitos em relação a associados do sindicato e não aos não filiados. O inciso IV do art. 8º da Constituição deve ser examinado de forma sistemática com o inciso V do mesmo comando legal, que prevê que a pessoa é livre para entrar ou sair do sindicato, como indica a Convenção n. 87 da OIT. Entender de forma contrária implicaria filiação forçada ao sindicato, em razão da necessidade do pagamento da contribuição.

Estabelecendo-se contribuição indistintamente para todas as pessoas, é ferido o princípio da livre adesão ao sindicato, como acima mencionado.

No mesmo sentido o Precedente n. 119 da E. SDC do TST.

Há jurisprudência do STF na mesma linha:

> "Constitucional. Sindicato. Contribuição instituída pela Assembleia Geral: Caráter não tributário. Não compulsoriedade. Empregados não sindicalizados. Impossibilidade do desconto. CF, art. 8º, IV. I – A contribuição confederativa instituída pela Assembleia Geral – CF, art. 8º, IV, distingue-se da contribuição sindical, instituída por lei, com caráter tributário, CF, art. 149, assim compulsória. A primeira é compulsória apenas para os filiados do sindicato. II – RE não conhecido" (STF, ER 184.266-1/SP, Ac. 2ª T., rel. Min. Carlos Velloso, *LTr* 61-09/1191).

> "Recurso extraordinário. Trabalhista. Contribuição confederativa. Desconto incidente na folha de pagamento dos não filiados à entidade sindical. Impossibilidade. Apesar de ser autoaplicável o art. 8º, IV, da Constituição Federal, a contribuição confederativa somente é devida pelos filiados da entidade de representação profissional. Recurso extraordinário não conhecido" (RE 251.252-4/MG, 2ª T., rel. Min. Marco Aurélio, j. 30-5-2000, *DJU* 20-10-2000).

A contribuição confederativa de que trata o inciso IV do art. 8º da Constituição só é exigível dos filiados ao sindicato respectivo (Súmula 666 e Súmula Vinculante 40 do STF).

O argumento de que os empregados da reclamada são beneficiados pelas normas coletivas da categoria e, por essa razão, teriam de pagar as contribuições não colhe. Não têm obrigação de pagar outra contribuição, se os empregados não são filiados ao sindicato.

O § 1º do art. 159 da Constituição de 1967 estabeleceu que, "entre as funções delegadas a que se refere este artigo, compreende-se a de arrecadar, na forma da lei, contribuições para o custeio de atividade dos órgãos sindicais e profissionais e para a execução de programas de interesse das categorias por eles representadas". A primeira modificação verificada no texto constitucional consiste no fato de o sindicato passar a arrecadar as contribuições previstas em lei, deixando de impor contribuições. Desse modo, ainda havia necessidade de lei determinando as contribuições sindicais, para que o sindicato pudesse arrecadá-las. O § 1º do art. 166 da Emenda Constitucional n. 1, de 1969, repetiu a mesma redação do § 1º do art. 159 da Carta Magna de 1967. O sindicato deixou, portanto, de ter a possibilidade de impor contribuições, estando derrogada a alínea *e* do art. 513 da CLT, que deve ser lida no sentido de que o sindicato tem poderes de arrecadar contribuições, tanto da entidade patronal como dos trabalhadores, entre elas a assistencial, a confederativa, a mensalidade do sindicato e a sindical. O sindicato não mais exerce atividade delegada de poder público para poder impor contribuições.

Embora os incisos III e IV do art. 8º da Constituição façam referência à categoria, o sindicato só pode impor contribuições aos seus sócios. Quem não é sócio do sindicato não é obrigado a pagar contribuições à agremiação, salvo a contribuição sindical, que tem natureza de tributo.

A natureza jurídica da contribuição confederativa não é tributária, até mesmo porque a referida contribuição ainda não foi prevista em lei e tributo, por força da definição do art. 3º do CTN, é a contribuição instituída em lei. A contribuição confederativa não é a "criada por lei", mencionada na parte final do inciso IV do art. 8º da Lei Maior. Assim, ninguém está obrigado a pagar a contribuição confederativa, por não ser compulsória, que independe da vontade da pessoa em saldá-la ou não; ademais, ninguém é obrigado a filiar-se ou não ao sindicato (art. 8º, V, da Constituição). Dessa forma, só pode tratar-se de figura de um dos ramos do direito privado. A citada exigência também não é instituída por pessoa jurídica de direito público interno (União, Estados, Distrito Federal e Municípios) e o sindicato não pode mais ser considerado como tendo natureza pública, porque com a Constituição de 1988 deixou de exercer atividade delegada de poder público. A Lei Suprema de 1988 também não delegou ao sindicato a competência para instituir contribuição com característica de tributo, no caso: a contribuição confederativa. Não há atividade administrativa plenamente vinculada para a sua cobrança, por meio do lançamento, porque o Estado não se imiscui na arrecadação da mencionada contribuição, nem poderia, pelo comando inserto no inciso I do art. 8º da Constituição, que veda a interferência do Poder Público no sindicato. A contribuição confederativa é totalmente destinada aos cofres da entidade sindical, ao contrário da contribuição sindical, que tem parte direcionada para o Estado (art. 589, IV, da CLT). Logo, a contribuição confederativa não está incluída nas determinações do art. 3º do Código Tributário Nacional (CTN), que define tributo.

Não se enquadra a contribuição em comentário na determinação do art. 149 da Constituição, pois não é a União que irá fixá-la, mas, sim, a assembleia geral do sindicato. Não se trata a contribuição confederativa de uma forma de intervenção no domínio econômico, pois as entidades sindicais não possuem domínio econômico, além de, no nosso sistema jurídico, não poderem exercer atividades econômicas (art. 564 da CLT) ou políticas (art. 521, *d*, da CLT). O Estado intervém no domínio econômico com fundamento no seu poder de polícia ou visando impor restrições ou limitações de direitos, o que não ocorre com o sindicato, que não tem esse poder. Não se trata de contribuição social, pois estas são as contribuições previdenciárias ou as contribuições sobre o lucro ou faturamento, destinadas ao custeio da seguridade social. A instituição das contribuições pela União é feita "como instrumento de sua atuação nas respectivas áreas", contudo a União não atua na referida área, sendo inclusive vedada a sua intervenção e interferência no sindicato (art. 8º, I, da Constituição). A contribuição confederativa é um meio de atuação financeira do sindicato e não da União, como ocorre com as contribuições sociais. De outro lado, o inciso IV do art. 8º da Constituição não está incluído no capítulo da Lei Maior que versa sobre o sistema tributário nacional, e sim no capítulo que trata dos direitos sociais. O Estado não transferiu para o sindicato, para uma entidade de direito privado, o poder de impor uma contribuição confederativa, não lhe outorgando soberania fiscal. As contribuições que têm por base o art. 149 da Constituição só poderiam ser exigidas por meio de lei complementar (art. 146, III, da Constituição), respeitando os princípios da irretroatividade da lei e da anterioridade (art. 150, III, *a* e *b*, da Constituição). No caso da contribuição confederativa, por não ser tributo, não há necessidade da exigência da lei complementar, basta a lei ordinária; nem é preciso que se observe que a contribuição só pode ser exigida no ano seguinte ao da sua instituição, mas, ao contrário, pode ser exigida a partir do momento em que for fixada pela assembleia geral do sindicato.

A contribuição confederativa tem natureza privada, em razão de o nascimento da obrigação depender da vontade da pessoa que irá contribuir, inclusive participando da assembleia geral na qual ela será fixada, pois é a assembleia que irá fixar o *quantum* da contribuição. A assembleia detém autonomia, nos termos do estatuto do sindicato, porém apenas em relação aos associados. Essa autonomia, porém, não vai ao ponto de o sindicato poder impor a contribuição confederativa a quem não faz parte do sindicato, justamente porque a pessoa não detém a condição de associado. Logo, é possível a oposição à cobrança da contribuição confederativa pelos não filiados ao sindicato. Apenas os associados têm obrigação de pagar a contribuição confederativa, que são os que podem comparecer à assembleia. O sindicato, dentro da autonomia privada que possui, pode exigir ou não a contribuição confederativa, fixando ou não a referida exigência na assembleia geral, ao contrário da contribuição sindical, a qual o sindicato não pode deixar de cobrar, justamente por ser compulsória. Isso mostra também não ter a contribuição confederativa natureza tributária.

Trata-se de uma contribuição de cunho privado, isto é, uma prestação pecuniária de direito privado. Objetiva a contribuição confederativa o custeio do sistema confederativo, tendo como credores o sindicato da categoria profissional ou econômica, e como devedores os empregados, empregadores ou trabalhadores autônomos. Na verdade, o sindicato não detém soberania, que é inerente ao Estado (art. 1º, I, da CF), sendo exercida pelo povo por meio do voto (art. 14 da CF), mas autonomia. A autonomia é uma prerrogativa política outorgada pela Constituição. Já a autonomia sindical quer dizer a possibilidade de o sindicato estabelecer normas próprias em seu âmbito. Não significa, porém, que o sindicato possa fazer o que quiser, ou que tenha independência absoluta, pois estará adstrito às determinações que lhe foram outorgadas pela Constituição e também nos limites da lei, que é coisa completamente diversa, já que o sindicato não tem o poder impositivo decorrente da soberania, que envolve a autodeterminação. A autonomia do sindicato diz respeito apenas à atuação nas áreas de seu peculiar interesse, que são as profissionais e econômicas, e não em todas as áreas da sociedade civil, como ocorre com a soberania do Estado. O exercício da autonomia sindical é decorrente também da lei, que irá fixar seus contornos básicos, vedada apenas a interferência e intervenção do Poder Executivo no sindicato (art. 8º, I, da CF). Não tem, por conseguinte, a contribuição confederativa natureza tributária ou parafiscal, mas natureza privada, pelo fato de a pessoa pertencer ao sistema confederativo como associado.

Não pode a contribuição confederativa ser cobrada de forma diferenciada em relação a sócios e não filiados ao sindicato, pois fere o princípio da igualdade, contido no *caput* do art. 5º da Constituição.

3) Pedido

Pede a anulação da cláusula 10 de fls. 5 da norma coletiva em relação aos não associados.

Requer a citação dos réus para contestar a presente postulação, se desejarem, sob pena de revelia e confissão quanto a matéria de fato, que a final deverá ser acolhida, anulando a cláusula 10 de fls. 5 da norma coletiva.

4) Provas

Protesta provar o alegado por todos os meios de prova em direito admitidos, sem exclusão de nenhum, especialmente perícias, juntada de documentos e demais provas que se fizerem necessárias.

Dá à causa o valor de R$ 1.000,00.

Nestes termos,

Pede deferimento.

SP, ____

Procurador do Trabalho ____

HABEAS DATA

O *habeas data* é concedido:

- para assegurar o conhecimento de informações relativas à pessoa do impetrante, constantes de registros ou bancos de dados de entidades governamentais ou de caráter público;
- para retificação de dados, quando não se prefira fazê-lo por processo sigiloso, judicial ou administrativo (art. 5º, LXXII, da CF).

O inciso IV do art. 114 da Constituição atribui competência à Justiça do Trabalho para processar e julgar o *habeas data* quando o ato questionado compreender matéria sujeita à sua competência.

Modelo de *habeas data*

EXMO. SR. DR. JUIZ DO TRABALHO ___ DA VARA DO TRABALHO DE SÃO PAULO

Magnobaldo S., brasileiro, casado, empregado público, residente e domiciliado na Rua Caipó, n. 99, titular do RG n. e do CPF n., por seu advogado que esta subscreve (doc. 1), vem, mui respeitosamente, à presença de V. Exa. impetrar *HABEAS DATA* contra o Município de São Paulo, pelos motivos de fato e de direito a seguir aduzidos.

O impetrante quer retificar seus dados constantes do banco de dados do Município de São Paulo.

O depoente tem curso superior em Direito (doc. 2).

Entretanto, consta do banco de dados do município que tem segundo grau incompleto.

Já fez várias petições a ré (doc. 3 a 10), porém esta se nega a retificar seus dados.

Destaca que, com a retificação, passa a ter direito a diferenças de gratificação por ter curso superior.

Requer o deferimento do *habeas data*, ordenando-se a imediata anotação no prontuário do impetrante do fato de ter curso superior.

Protesta provar o alegado por todos os meios de prova em direito admitidos, sem exclusão de nenhum, especialmente depoimento pessoal da ré, sob pena de confissão (Súmula 74 do TST), perícias, juntada de documentos, oitiva de testemunhas e demais provas que se fizerem necessárias.

Dá à causa o valor de R$ 1.000,00.

Nestes termos,

P. deferimento.

SP, ____

Advogado ____

OAB n. ____

AÇÃO CIVIL PÚBLICA

A CLT não trata de ação civil pública. É aplicável a Lei n. 7.347/85.

A ação civil pública pode ser usada para a defesa de interesses difusos e coletivos (art. 129, III, da CF) quando forem desrespeitados direitos trabalhistas previstos constitucionalmente. Interesses ou direitos difusos são os transindividuais, de natureza indivisível, de que sejam titulares pessoas indeterminadas e ligadas por circunstâncias de fato (art. 81, I, da Lei n. 8.078/90). São exemplos no processo do trabalho o ajuizamento da ação civil pública em relação à não observância pelo Poder Público de concurso público, de vagas para deficientes (art. 93 da Lei n. 8.213/91) e aprendizes (art. 429 da CLT).

Interesses ou direitos coletivos são os transindividuais de natureza indivisível de que seja titular grupo, categoria ou classe de pessoas ligadas entre si ou com a parte contrária por uma relação jurídica base (art. 81, II, da Lei n. 8.078/90). A ação civil pública seria proposta para questões de meio ambiente do trabalho.

A Súmula 736 do STF mostra que a Justiça do Trabalho tem competência para analisar ações em que a causa de pedir envolve descumprimento de normas trabalhistas relativas à segurança, higiene e saúde dos trabalhadores.

Interesses ou direitos individuais homogêneos são os decorrentes de origem comum (art. 81, III, da Lei n. 8.078/90), de um mesmo fato. Interesses individuais homogêneos têm uniformidade de aplicação.

A competência para a ação civil pública fixa-se pela extensão do dano (OJ 130, I, da SBDI-2 do TST). Em caso de dano de abrangência regional, que atinja cidades sujeitas à jurisdição de mais de uma Vara do Trabalho, a competência será de qualquer das Varas das localidades atingidas, ainda que vinculadas a Tribunais Regionais do Trabalho distintos (II). Em caso de dano de abrangência suprarregional ou nacional, há competência concorrente para a Ação Civil Pública das Varas do Trabalho das sedes dos Tribunais Regionais do Trabalho (III). Estará prevento o juízo a que a primeira ação houver sido distribuída (IV).

Modelo de ação civil pública

EXMO. SR. DR. JUIZ DO TRABALHO DA __ VARA DO TRABALHO DE SÃO PAULO

Ministério Público do Trabalho, vem, mui respeitosamente, à presença de Vossa Excelência, propor a presente ação civil pública contra Hospital Maria das Neves Ltda., com sede na Rua do Oratório, n. 24, inscrita no CNPJ sob n., de acordo com as razões de fato e de direito a seguir aduzidas.

A empresa não vem observando a previsão do art. 93 da Lei n. 8.213/91.

O fato foi constatado mediante inquérito civil público, conforme documentos anexos.

A ré tem mais de 100 empregados.

Deveria, portanto, admitir os deficientes, conforme a previsão de lei.

Com base no art. 500 do CPC, deve ser fixada multa diária para o cumprimento da obrigação de fazer a ré, devida ao FAT, no valor de R$ 1.000,00 por empregado não contratado.

Pelo exposto, requer se digne Vossa Excelência acolher a presente postulação, determinando que a empresa contrate os deficientes na forma da lei.

A ré deverá ser condenada, ainda, a pagar multa para o FAT de R$ 10.000,00.

Enquanto não for cumprida a obrigação de fazer, a ré deve ser condenada a pagar ao FAT multa diária de R$ 1.000,00 por empregado não contratado.

Protesta provar o alegado por todos os meios admitidos em Direito, sem exclusão de nenhum, especialmente depoimento pessoal do representante da ré (Súmula 74 do TST), testemunhas, perícias, juntada de documentos.

Dá-se à causa o valor de R$ 10.000,00.

Nestes termos,

P. deferimento

SP, ____

Procurador do Trabalho ____

AÇÃO DECLARATÓRIA DE INEXIGIBILIDADE DE MULTA ADMINISTRATIVA

A Justiça do Trabalho tem competência para examinar: "as ações relativas às penalidades administrativas impostas aos empregadores pelos órgãos de fiscalização das relações de trabalho" (art. 114, VII, da CF).

Como a Constituição faz referência a ações, é possível também ajuizar ação declaratória de inexigibilidade de multa administrativa. O inciso I do art. 19 do CPC permite a ação declaratória para declarar a existência ou inexistência da relação jurídica.

Modelo de ação declaratória de inexigibilidade de multa administrativa

EXMO. SR. DR. JUIZ DO TRABALHO DA __ VARA DO TRABALHO DE SÃO PAULO

Rincão do Serjão Ltda., com sede na Rua do Gasômetro, n. 124, Belém, inscrita no CNPJ sob n., vem, mui respeitosamente, à presença de Vossa Excelência, propor a presente AÇÃO DECLARATÓRIA com pedido de cancelamento de multa administrativa contra a União, pessoa jurídica de direito público, com endereço conhecido deste juízo, de acordo com o inciso I do art. 19 do CPC, conforme as razões de fato e de direito a seguir aduzidas.

1. Os fatos

Foi imposta multa administrativa a autora pelo Superintendente Regional do Trabalho da cidade de São Paulo, em razão de autuação feita pelo auditor fiscal, que entendeu haver vínculo de emprego com 200 trabalhadores que prestam serviços nas dependências da autora (doc. 2).

2. O direito

O Superintendente Regional do Trabalho não tem competência constitucional para impor multa administrativa em razão de reconhecimento de vínculo de emprego.

Somente a Justiça do Trabalho pode reconhecer a existência de vínculo de emprego, na forma do inciso I do art. 114 da Constituição. O fiscal trabalhista não pode fazê-lo.

Destaque-se, ainda, que foi reconhecido vínculo de emprego com 200 trabalhadores, que na verdade prestam serviços como autônomos ou como cooperados.

O auditor fiscal não fez entrevistas individuais para saber se todos têm subordinação ou os demais requisitos do contrato de trabalho. A Justiça do Trabalho é que teria competência para ouvir testemunhas para demonstrar que cada um dos trabalhadores é ou não empregado.

3. Pedido

Requer a citação da ré para contestar a presente postulação, se o desejar, sob pena de revelia e confissão quanto a matéria de fato, que a final deverá ser acolhida, declarando-se a inexistência da relação jurídica e a anulação do auto de infração de fls. 5.

4. Provas

Protesta provar o alegado por todos os meios de prova em direito admitidos, sem exclusão de nenhum, especialmente perícias, juntada de documentos e demais provas que se fizerem necessárias.

Dá à causa o valor de R$ 10.000,00.

Nestes termos,

Pede deferimento.

SP, ____

Advogado ____

OAB n. ____

Capítulo 11

TUTELA PROVISÓRIA

A tutela provisória pode fundamentar-se em urgência ou evidência (art. 294 do CPC).

A tutela provisória de urgência, cautelar ou antecipada, pode ser concedida em caráter antecedente ou incidental.

TUTELA DE URGÊNCIA

A CLT não trata de tutela de urgência. Aplica-se o art. 300 do CPC.

A tutela de urgência será concedida quando houver elementos que evidenciem a probabilidade do direito e o perigo de dano ou o risco ao resultado útil do processo (art. 300 do CPC).

Na decisão que antecipar a tutela, o juiz indicará, de modo claro e preciso, as razões do seu convencimento.

Não se concederá a tutela de urgência quando houver perigo de irreversibilidade do provimento antecipado.

A efetivação da tutela de urgência observará, no que couber e conforme sua natureza, as normas relativas à execução provisória.

A tutela de urgência poderá ser revogada ou modificada a qualquer tempo, em decisão fundamentada.

Concedida ou não a tutela de urgência, prosseguirá o processo até final julgamento.

A tutela antecipada também poderá ser concedida quando um ou mais dos pedidos cumulados, ou parcela deles, mostrar-se incontroverso.

Caso entenda o juiz que o pedido tem natureza antecipada, o juiz observará o disposto no art. 303 do CPC.

Modelo de tutela de urgência

EXMO. SR. DR. JUIZ DA __ VARA DO TRABALHO DE SÃO PAULO

Cinderella Silva, brasileira, casada, professora, residente na rua Prof. Antonio Nicácio, n. 51, São Paulo-SP, titular do RG n. ____________ e do CPF n. ____________, vem, por seu advogado (doc. 1), mui respeitosamente, à presença de Vossa Excelência, ajuizar ação contra A Maioral Ltda., com sede na Rua 25 de Março, n. 69, Centro, São Paulo, CEP 01240-030, com fundamento nos arts. 300 e 497 do CPC e 840 da CLT, de acordo com as razões a seguir aduzidas.

1) Dos fatos

A requerente sofreu acidente de trabalho na empresa quando escorregou numa casca de banana e veio a sofrer traumatismo na coluna (doc. 3).

O INSS não lhe concedeu ainda alta médica, porém foi dispensada em 27-5-2015.

2) Fundamentos

O art. 118 da Lei n. 8.213/91 concede garantia de emprego ao acidentado no trabalho até 12 meses após a cessação do auxílio-doença acidentário.

Não poderia, portanto, ser dispensada, pois ainda não cessou o pagamento do auxílio-doença acidentário.

Tem direito de ser reintegrada.

Os arts. 300 e 497 do CPC permitem a tutela antecipada para reintegração no emprego com pagamento de salários, férias + 1/3, 13$^{\underline{os}}$ salários, FGTS e todas as demais vantagens que lhe foram asseguradas na sua categoria.

3) Pedido

Pede:

a) a concessão de tutela antecipada para ser reintegrada no emprego liminarmente, com o pagamento desde a dispensa de salários, férias + 1/3, 13$^{\underline{os}}$ salários, FGTS e todas as demais vantagens que lhe foram asseguradas na sua categoria;

b) a confirmação da tutela por sentença com a reintegração definitiva no emprego e o pagamento desde a dispensa dos salários, férias + 1/3, 13$^{\underline{os}}$ salários, FGTS e todas as demais vantagens que lhe foram asseguradas na sua categoria.

Requer a citação da ré para contestar a presente postulação, se o desejar, sob pena de revelia e confissão quanto a matéria de fato, que a final deverá ser acolhida, condenando a reclamada na forma do pedido, acrescido de juros e correção monetária.

4) Provas

Protesta provar o alegado por todos os meios de prova em direito admitidos, sem exclusão de nenhum, especialmente pelo depoimento pessoal da ré, sob pena de confissão (Súmula 74 do TST), oitiva de testemunhas, perícias, juntada de documentos e demais provas que se fizerem necessárias.

Dá à causa o valor de R$ 10.000,00.

Nestes termos,

Pede deferimento.

SP, ____

Advogado ____

OAB n. ____

TUTELA CAUTELAR

O procedimento cautelar poderá ser preparatório em relação à ação principal ou incidente, quanto a ação que já está em curso.

O juiz só poderá autorizar em casos excepcionais, expressamente autorizados por lei, as tutelas cautelares sem a audiência das partes.

Poderá o juiz determinar as medidas que julgar adequadas para efetivação da tutela provisória (art. 297 do CPC). Poderá, para evitar o dano, autorizar ou vedar a prática de determinados atos, ordenar a guarda judicial de pessoas e depósito de bens e impor a prestação de caução.

Interposto o recurso, a tutela cautelar será requerida diretamente ao tribunal.

O requerente pleiteará a tutela cautelar em petição escrita, que indicará:

- a autoridade judiciária, a que for dirigida;
- o nome, o estado civil, a profissão e a residência do requerente e do requerido;
- a lide e seu fundamento;
- a exposição sumária do direito ameaçado e o receio da lesão;
- as provas que serão produzidas.

O terceiro item só será exigido quando a tutela cautelar for requerida em procedimento preparatório.

O requerido será citado, qualquer que seja o procedimento cautelar, para, no prazo de cinco dias, contestar o pedido, indicando as provas que pretende produzir.

Não sendo contestado o pedido, presumir-se-ão aceitos pelo requerido, como verdadeiros, os fatos alegados pelo requerente. Se o requerido contestar no prazo legal, o juiz designará audiência de instrução e julgamento, havendo prova a ser nela produzida.

O juiz poderá conceder liminarmente ou após justificação prévia a tutela cautelar, sem ouvir o réu, quando verificar que este, sendo citado, poderá torná-la ineficaz; caso em que poderá determinar que o requerente preste caução real ou fidejussória de ressarcir os danos que o requerido possa vir a sofrer.

A tutela cautelar poderá ser substituída, de ofício ou a requerimento de qualquer das partes, pela prestação de caução ou outra garantia menos gravosa para o requerido, sempre que adequada e suficiente para evitar a lesão ou repará-la integralmente (§ 1º do art. 300 do CPC).

Cabe à parte propor a ação, no prazo de 30 dias, contados da data da efetivação da tutela cautelar, quando esta for concedida em procedimento preparatório (art. 308 do CPC).

As tutelas cautelares conservam a sua eficácia no prazo de 30 dias e na pendência do processo principal, mas podem, a qualquer tempo, ser revogadas ou modificadas.

Cessa a eficácia da tutela cautelar:

- se a parte não intentar a ação principal no prazo de 30 dias;
- se não for executada dentro de 30 dias;
- se o juiz declarar extinto o processo principal, com ou sem julgamento do mérito. Se por qualquer motivo cessar a medida, é defeso à parte repetir o pedido, salvo por novo fundamento.

Os autos da tutela cautelar serão apensados aos do processo principal.

O indeferimento da tutela cautelar não obsta a que a parte intente a ação, nem influi no julgamento desta, salvo se o juiz, no procedimento cautelar, acolher a alegação de decadência ou de prescrição do direito do autor (art. 310 do CPC).

ARRESTO

O arresto tem lugar:

- quando o devedor sem domicílio certo intenta ausentar-se ou alienar os bens que possui, ou deixa de pagar a obrigação no prazo estipulado;
- quando o devedor, que tem domicílio:
  - se ausenta ou tenta ausentar-se furtivamente;
  - caindo em insolvência, aliena ou tenta alienar bens que possui; contrai ou tenta contrair dívidas extraordinárias; põe ou tenta pôr os seus bens

em nome de terceiros; ou comete outro qualquer artifício fraudulento, a fim de frustrar a execução ou lesar credores;

- quando o devedor, que possui bens de raiz, intenta aliená-los, hipotecá-los ou dá-los em anticrese, sem ficar com algum ou alguns, livres e desembargados, equivalentes às dívidas;
- nos demais casos expressos em lei.

Para a concessão do arresto é essencial:

- prova literal da dívida líquida e certa;
- prova documental ou justificação de algum dos casos mencionados anteriormente. Equipara-se à prova literal da dívida líquida e certa, para efeito de concessão de arresto, a sentença, líquida ou ilíquida, pendente de recurso, condenando o devedor ao pagamento de dinheiro ou de prestação que em dinheiro possa converter-se.

A justificação prévia, quando ao juiz parecer indispensável, far-se-á em segredo e de plano, reduzindo-se a termo o depoimento das testemunhas.

A sentença proferida no arresto não faz coisa julgada na ação principal, salvo se o juiz declarar a decadência ou prescrição.

Acolhido o pedido da ação principal, o arresto se resolve em penhora.

Modelo de arresto

EXMO. SR. DR. JUIZ DA VARA DO TRABALHO DE SÃO PAULO

Dinossergio S., brasileiro, casado, presidiário, residente na Rua do Carandiru, n. 12, por seu advogado que esta subscreve (doc. 1), vem, mui respeitosamente, à presença de V. Exa. ajuizar ARRESTO contra IRMÃOS METRALHA LTDA., com sede na Rua dos Índios, n. 13, de acordo com os motivos a seguir expostos.

O requerente exerceu a função de soldador na requerida de 1º-12-1991 a 11-1-2012, quando foi preso.

Já teve julgado seu processo contra a empresa, que está em grau de recurso (doc. 2).

O requerido vem se ausentando furtivamente e alienando os bens que possui (doc. 3). Entende que, se não for deferida a presente medida, provavelmente nada receberá a título das verbas deferidas na sentença.

Assim, com fundamento no parágrafo único dos arts. 305 e s. do CPC, pretende a concessão do arresto das máquinas de solda existentes no requerido ou outros bens suficientes ao pagamento de seu crédito.

Protesta provar o alegado por todos os meios de prova em direito admitidos, sem exclusão de nenhum, especialmente depoimento pessoal da ré, sob pena de confissão (Súmula

74 do TST), perícias, juntada de documentos, oitiva de testemunhas e demais provas que se fizerem necessárias.

Dá à causa o valor de R$ 1.000,00.

Nestes termos,

P. deferimento.

SP, ____

Advogado ____

OAB n. ____

SEQUESTRO

O juiz, a requerimento da parte, pode decretar o sequestro:

- de bens móveis, semoventes ou imóveis, quando lhes for disputada a propriedade ou a posse, havendo fundado receio de rixas ou danificações;
- dos frutos e rendimentos do imóvel reivindicando, se o réu, depois de condenado por sentença ainda sujeita a recurso, os dissipar;
- dos bens do casal, nas ações de separação judicial e de anulação de casamento, se o cônjuge os estiver dilapidando;
- nos demais casos expressos em lei.

Incumbe ao juiz nomear o depositário dos bens sequestrados. A escolha poderá, todavia, recair:

- em pessoa indicada, de comum acordo, pelas partes;
- em uma das partes, desde que ofereça maiores garantias e preste caução idônea.

A entrega dos bens ao depositário far-se-á logo depois que este assinar o compromisso. Se houver resistência, o depositário solicitará ao juiz a requisição de força policial.

Modelo de sequestro

EXMO SR. DR. JUIZ DA __ VARA DO TRABALHO DE SÃO PAULO

INDÚSTRIA DE PEÇAS T. LTDA., com sede na Rua do Ouvidor, n. 1, por seu advogado que esta subscreve (doc. 1), vem, mui respeitosamente, à presença de Vossa Excelência interpor tutela cautelar de SEQUESTRO contra L. B., de acordo com as razões a seguir expostas.

O requerido foi empregado da requerente de 13-12-1991 a 14-3-2012, exercendo a função de vendedor.

Ocorre que o requerido fazia vendas, utilizando-se de mostruários da empresa. No entanto, cessado o pacto laboral, não devolveu 13 mostruários de venda.

Os referidos mostruários têm utilidade para a reclamada, pois inexistem no mercado e a empresa necessita deles para entregá-los ao novo vendedor que foi contratado para laborar no lugar do requerido.

Dessa forma, requer a requerente a concessão do sequestro dos 13 mostruários de venda, que estão em poder do requerido, independentemente de audiência prévia.

Protesta provar o alegado por todos os meios de prova em direito admitidos, especialmente pelo depoimento pessoal do requerido, oitiva de testemunhas, perícias e juntada de documentos.

Dá à causa o valor de R$ 1.000,00.

Nestes termos,

P. deferimento.

SP, ____

Advogado ____

OAB n. ____

PRODUÇÃO ANTECIPADA DE PROVAS

A produção antecipada da prova pode consistir em interrogatório da parte, inquirição de testemunhas e exame pericial (art. 381 do CPC).

Far-se-á o interrogatório da parte ou a inquirição das testemunhas antes da propositura da ação, ou na pendência desta, mas antes da audiência de instrução:

- se tiver de ausentar-se;
- se, por motivo de idade ou de moléstia grave, houver justo receio de que ao tempo da prova já não exista, ou esteja impossibilitada de depor.

O requerente justificará sumariamente a necessidade da antecipação e mencionará com precisão os fatos sobre que há de recair a prova. Tratando-se de inquirição de testemunhas, serão intimados os interessados a comparecer à audiência em que prestará o depoimento.

Havendo fundado receio de que venha a tornar-se impossível ou muito difícil a verificação de certos fatos na pendência da ação, é admissível o exame pericial.

Tomado o depoimento ou feito exame pericial, os autos permanecerão em cartório, sendo lícito aos interessados solicitar as certidões que quiserem.

Modelo de produção antecipada de provas

EXMO. SR. DR. JUIZ DA __ VARA DO TRABALHO DE SÃO PAULO

Solineuza S., brasileira, casada, copeira, residente na Rua 24 de Maio, n. 23, por seu advogado que esta subscreve (doc. 1), vem, mui respeitosamente, à presença de V. Exa. propor ação de PRODUÇÃO ANTECIPADA DE PROVAS contra B. LTDA., de acordo com as razões a seguir aduzidas.

A requerente pretende ajuizar reclamação trabalhista contra a ré, pedindo horas extras e outras verbas.

No entanto, é preciso a oitiva da testemunha J. N., que está gravemente enferma, mas tem condições de prestar depoimento. Caso a testemunha não seja ouvida de imediato, receia que não mais poderá prestar depoimento.

Assim, requer se digne V. Exa. determinar a oitiva da referida testemunha, designando-se a intimação e oitiva da testemunha no Hospital das Clínicas, quarto ____.

Nestes termos,

P. deferimento.

SP, ____

Advogado ____

OAB n. ____

EXIBIÇÃO

Tem lugar, como procedimento preparatório, a exibição judicial:

- de coisa móvel em poder de outrem e que o requerente repute sua ou tenha interesse em conhecer;
- de documento próprio ou comum, em poder de cointeressado, sócio, condômino, credor ou devedor; ou em poder de terceiro que o tenha em sua guarda, como inventariante, testamenteiro, depositário ou administrador de bens alheios;
- da escrituração comercial por inteiro, balanços e documentos de arquivo, nos casos expressos em lei.

No processo do trabalho, a exibição pode ser usada para exibir cartões de ponto, documentos assinados, recolhimento dos depósitos do FGTS, escrituração da empresa para verificar vendas e pagamento de comissões.

Modelo de exibição

EXMO. SR. DR. JUIZ DA __ VARA DO TRABALHO DE SÃO PAULO

J. S., brasileiro, casado, prensista, residente na Rua das Flores, n. 32, por seu advogado que esta subscreve (doc. 1), vem, mui respeitosamente, à presença de V. Exa. ajuizar tutela cautelar de EXIBIÇÃO contra EMPRESA INDL. P. LTDA., de acordo com as razões a seguir expostas.

O reclamante é empregado da empresa desde 1º-1-1963, exercendo a função de prensista.

Vinha recebendo regularmente os extratos dos depósitos fundiários.

No entanto, ultimamente tem verificado que a reclamada tem recolhido o FGTS com atraso em alguns meses ou não fez o recolhimento (doc. 2).

Requer, assim, se digne V. Exa. determinar a citação da reclamada para exibir em juízo os pagamentos dos depósitos fundiários durante toda a relação de emprego.

Nestes termos,

P. deferimento.

SP, ____

Advogado ____

OAB n. ____

JUSTIFICAÇÃO

Quem pretender justificar a existência de algum fato ou relação jurídica, seja para simples documento e sem caráter contencioso, seja para servir de prova em processo regular, exporá, em petição circunstanciada, a sua intenção.

Salvo nos casos expressos em lei, é essencial a citação dos interessados.

A justificação consistirá na inquirição de testemunhas sobre os fatos alegados, sendo facultado ao requerente juntar documentos.

Ao interessado é lícito contraditar as testemunhas, reinquiri-las e manifestar-se sobre os documentos, dos quais terá vista em cartório por 24 horas.

No processo de justificação não se admite defesa nem recurso.

A justificação será afinal julgada por sentença e os autos serão entregues ao requerente independentemente de traslado, decorridas 48 horas da decisão. O juiz não se pronunciará sobre o mérito da prova, limitando-se a verificar se foram observadas as formalidades legais.

Modelo de justificação

EXMO. SR. DR. JUIZ DA __ VARA DO TRABALHO DE SÃO PAULO

S. P. M., brasileiro, casado, mecânico, residente na Rua dos Patos, n. 12, por seu advogado que esta subscreve (doc. 1), vem, mui respeitosamente, à presença de V. Exa. ajuizar JUSTIFICAÇÃO contra C. INDL. LTDA., com sede na Rua das Liras, n. 200, de acordo com as razões a seguir expostas.

O requerente trabalhou para a reclamada no período de 21-7-1991 a 31-12-2012, nas funções de mecânico.

A reclamada alega que o autor foi admitido em 12-8-1991.

Pretende justificar o tempo de serviço prestado, anterior ao registro, para efeitos de aposentadoria, pois já conta com mais de 30 anos de serviço (doc. 2).

Requer a oitiva das testemunhas J. S. e P. B., para provar suas alegações, citando-se o requerido.

Nestes termos,

P. deferimento.

SP, ____

Advogado ____

OAB n. ____

PROTESTO, NOTIFICAÇÃO, INTERPELAÇÃO

Quem tiver interesse em manifestar formalmente sua vontade a outrem sobre assunto juridicamente relevante poderá notificar pessoas participantes da mesma relação jurídica para dar-lhes ciência de seu propósito (art. 726 do CPC). O protesto, notificação e interpelação não são mais considerados tutelas cautelares, mas procedimento de jurisdição voluntária, pois não há contraditório ou lide. Na petição, o requerente exporá os fatos e os fundamentos do protesto.

O juiz indeferirá o pedido, quando o requerente não houver demonstrado legítimo interesse e o protesto, dando causa a dúvidas e incertezas, possa impedir a formação de contrato ou a realização de negócio lícito.

Far-se-á a intimação por editais:

- se o protesto for para conhecimento do público em geral, nos casos previstos em lei, ou quando a publicidade seja essencial para que o protesto, notificação ou interpelação atinja seus fins;
- se o citando for desconhecido, incerto ou estiver em lugar ignorado ou de difícil acesso;

- se a demora da intimação pessoal puder prejudicar os efeitos da interpelação ou do protesto.

Quando se tratar de protesto contra a alienação de bens, pode o juiz ouvir, em três dias, aquele contra quem foi dirigido, desde que lhe pareça haver no pedido ato emulativo, tentativa de extorsão, ou qualquer outro fim ilícito, decidindo em seguida sobre o pedido de publicação de editais.

O protesto ou interpelação não admite defesa nem contraprotesto nos autos, mas o requerido pode contraprotestar em processo distinto.

O protesto poderá servir para interromper a prescrição.

Feita a intimação, ordenará o juiz que, pagas as custas, e decorridas 48 horas, sejam os autos entregues à parte independentemente de traslado.

Modelo de protesto

EXMO. SR. DR. JUIZ DA __ VARA DO TRABALHO DE SÃO PAULO

S. P. M., brasileiro, casado, pedreiro, residente na Rua Miguel Zucas, n. 169, por seu advogado que esta subscreve (doc. 1), vem, mui respeitosamente, à presença de V. Exa. apresentar PROTESTO contra CONSTRUTORA BANCARROTA LTDA., nos termos a seguir aduzidos.

O requerente foi admitido em 28-12-2001, tendo sido dispensado em 1º-11-2015. Exercia a função de pedreiro.

Tem por objetivo a presente medida de protesto interromper a prescrição, nos termos do inciso II do art. 202 do Código Civil.

Deixa claro que o aviso prévio indenizado projeta os efeitos do contrato de trabalho para todos os fins, na forma do § 1º do art. 487 da CLT.

A prescrição começa a fluir no final da data do término do aviso prévio (Orientação Jurisprudencial 63 da SBDI-1 do TST), inclusive com a projeção do aviso prévio indenizado.

Assim, para que a empresa futuramente não alegue prescrição total dos direitos trabalhistas do contrato de trabalho mantido entre as partes, é a presente medida de protesto interposta para interromper o prazo de prescrição.

Nestes termos,

P. deferimento.

SP, ____

Advogado ____

OAB n. ____

Modelo de notificação

EXMO. SR. DR. JUIZ DA __ VARA DO TRABALHO DE SÃO PAULO

M. A., brasileiro, casado, vigilante, residente na Rua Osmópolis, n. 151, por seu advogado que esta subscreve (doc. 1), vem, mui respeitosamente, à presença de V. Exa. apresentar NOTIFICAÇÃO contra EMPRESA DE VIGILÂNCIA M. LTDA., nos termos a seguir aduzidos.

O requerente foi admitido em 28-2-1991, continuando a trabalhar na empresa. Exerce a função de vigilante.

Sabendo de boatos na empresa de que teria ocorrido um desvio de numerário e que estariam atribuindo a culpa ao requerente, inclusive para alegar justa causa para o despedimento, o requerente entende cabível a notificação à reclamada.

O requerente está em férias. Querendo evitar qualquer transtorno em sua volta, requer a presente notificação.

Assim, para que se evitem dúvidas, é a presente notificação, para que o requerido fique informado de que não praticou nenhuma falta grave, muito menos de apropriação de dinheiro da empresa.

Nestes termos,

P. deferimento.

SP, ____

Advogado ____

OAB n. ____

ATENTADO

Comete atentado a parte que, no curso do processo:

- viola penhora, arresto, sequestro ou imissão na posse;
- prossegue em obra embargada;
- pratica outra qualquer inovação ilegal no estado de fato.

A petição inicial será autuada em separado. A ação de atentado será processada e julgada pelo juiz que conheceu originariamente da causa principal, ainda que esta esteja no tribunal.

A sentença, que acolher o pedido, ordenará o restabelecimento do estado anterior, a suspensão da causa principal e a proibição de o réu falar nos autos até a purgação do atentado. A sentença poderá condenar o réu a ressarcir à parte lesada as perdas e danos que sofreu em consequência do atentado.

Modelo de atentado

EXMO. SR. DR. JUIZ DA 33ª VARA DO TRABALHO DE SÃO PAULO

Proc. n. 123/08

V. S., por seu advogado que esta subscreve, nos autos da reclamação trabalhista proposta contra MEIAS L. LTDA., vem, mui respeitosamente, à presença de V. Exa. requerer o seguinte:

A reclamada ficou como depositária dos bens arrestados, como máquina de corte, etc., conforme se verifica nas fls. 232.

Ocorre que a empresa está retirando o maquinário de seu estabelecimento e levando-o para destino ignorado.

Assim, requer a V. Exa. determinar que a ré se abstenha de praticar tais atos, repondo os bens em seu estabelecimento, sob pena de multa diária a ser fixada pelo juízo.

Protesta provar o alegado por todos os meios em direito admitidos, especialmente por testemunhas, documentos etc.

Nestes termos,

P. deferimento.

SP, ____

Advogado ____

OAB n. ____

TUTELA DA EVIDÊNCIA

A tutela da evidência é um juízo de probabilidade, de possibilidade, das alegações do autor serem verdadeiras.

A tutela da evidência será concedida, independentemente da demonstração de perigo de dano ou de risco ao resultado útil do processo, quando:

- ficar caracterizado o abuso do direito de defesa ou o manifesto propósito protelatório da parte;
- as alegações de fato puderem ser comprovadas apenas documentalmente e houver tese firmada em julgamento de casos repetitivos ou em súmula vinculante;
- se tratar de pedido reipersecutório fundado em prova documental adequada do contrato de depósito, caso em que será decretada a ordem de entrega do objeto custodiado, sob cominação de multa;
- a petição inicial for instruída com prova documental suficiente dos fatos constitutivos do direito do autor, a que o réu não oponha prova capaz de gerar dúvida razoável (art. 311 do CPC).

Nas hipóteses dos incisos II e III, o juiz poderá decidir liminarmente.

Modelo de tutela da evidência

EXMO. SR. DR. JUIZ DA 33ª VARA DO TRABALHO DE SÃO PAULO

Proc. n. 123/12

J. J., por seu advogado que esta subscreve, nos autos da reclamação trabalhista proposta contra Empresa de Picaretas LTDA., vem, mui respeitosamente, à presença de V. Exa. apresentar tutela da evidência, com fundamento no art. 311 do CPC, de acordo com as razões abaixo.

Verifica-se da contestação da empresa que está havendo abuso de direito de defesa e manifesto propósito protelatório do réu, pois foi requerida carta precatória para ouvir testemunha que nada vai acrescentar ao caso dos autos, além do que a empresa requereu perícia inútil, pois o local de trabalho está desativado.

Em razão disso e com base em laudo emprestado, requer o autor, com fundamento nos incisos I e II do art. 311 do CPC, a concessão de tutela da evidência para deferir o adicional de insalubridade em grau médio e reflexos na forma do pedido, pois o requerente ainda está trabalhando na ré.

Assim, requer a V. Exa. determinar a concessão do adicional de insalubridade em grau médio e reflexos em férias mais 1/3, 13os salários, com incidência do FGTS.

Protesta provar o alegado por todos os meios em direito admitidos, especialmente por testemunhas, documentos etc.

Nestes termos,

P. deferimento.

SP, ____

Advogado ____

OAB n. ____

Capítulo 12

DISSÍDIO COLETIVO

Dissídio coletivo é o processo coletivo que visa estabelecer normas e condições de trabalho ou julgar a abusividade ou não abusividade da greve.

O dissídio coletivo de natureza econômica ou de interesse visa estabelecer normas e condições de trabalho.

O dissídio coletivo de natureza jurídica ou de interpretação pode ser intentado para declarar a abusividade ou não da greve ou para fazer a interpretação de uma norma jurídica.

Suscitante será o autor do dissídio coletivo. Suscitado será a parte contrária.

Frustrada a negociação coletiva, as partes poderão eleger árbitros.

Recusando-se qualquer das partes à negociação coletiva ou à arbitragem, é facultado a elas, de comum acordo, ajuizar dissídio coletivo de natureza econômica, podendo a Justiça do Trabalho decidir o conflito, respeitadas as disposições mínimas legais de proteção ao trabalho, bem como as convencionadas anteriormente (§ 2º do art. 114 da CF).

Em caso de greve em atividade essencial, com possibilidade de lesão do interesse público, o Ministério Público do Trabalho poderá ajuizar dissídio coletivo, competindo à Justiça do Trabalho decidir o conflito (§ 3º do art. 114 da CF).

A instância será instaurada mediante representação escrita ao Presidente do Tribunal.

O dissídio coletivo será instaurado pelas entidades sindicais ou pelas empresas, como ocorre em caso de greve.

Quando não houver sindicato representativo da categoria econômica ou profissional, poderá a representação ser instaurada pelas federações correspondentes e, na falta destas, pelas confederações respectivas, no âmbito de sua representação.

A representação será apresentada em tantas vias quantos forem os reclamados e deverá conter:

- designação e qualificação dos reclamantes e dos reclamados e a natureza do estabelecimento ou do serviço;
- os motivos do dissídio e as bases da conciliação.

A representação dos sindicatos para instauração da instância fica subordinada à aprovação de assembleia, da qual participem os associados interessados na solução do dissídio coletivo, em primeira convocação, por maioria de 2/3 deles, ou, em segunda convocação, por 2/3 dos presentes.

Recebida e protocolada a representação, e estando na devida forma, o Presidente do Tribunal designará a audiência de conciliação, dentro do prazo de 10 dias, determinando a notificação dos dissidentes.

É facultado ao empregador fazer-se representar na audiência pelo gerente, ou por qualquer outro preposto que tenha conhecimento do dissídio, e por cujas declarações será sempre responsável.

Na audiência designada, comparecendo ambas as partes ou seus representantes, o Presidente do Tribunal as convidará para se pronunciarem sobre as bases da conciliação. Caso não sejam aceitas as bases propostas, o Presidente submeterá aos interessados a solução que lhe pareça capaz de resolver o dissídio.

Havendo acordo, o Presidente o submeterá à homologação do Tribunal na primeira sessão.

Não havendo acordo, ou não comparecendo ambas as partes ou uma delas, o Presidente submeterá o processo a julgamento, depois de realizadas as diligências que entender necessárias e ouvida a Procuradoria.

Sempre que, no decorrer do dissídio, houver ameaça de perturbação da ordem, o Presidente requisitará à autoridade competente as providências que se tornarem necessárias.

Quando o dissídio ocorrer fora da sede do Tribunal, poderá o Presidente, se julgar conveniente, delegar à autoridade local as atribuições de que tratam os arts. 860 e 862 da CLT. Nesse caso, não havendo conciliação, a autoridade delegada encaminhará o processo ao Tribunal, fazendo exposição circunstanciada dos fatos e indicando a solução que lhe parecer conveniente.

Da decisão do Tribunal serão notificadas as partes, ou seus representantes, em registrado postal, com franquia, fazendo-se, outrossim, a sua publicação no jornal oficial, para ciência dos demais interessados.

A sentença normativa vigorará:

- a partir da data de sua publicação, quando ajuizado o dissídio após o prazo de 60 dias antes do termo final, quando não existir acordo, convenção ou sentença normativa em vigor, da data do ajuizamento;
- a partir do dia imediato ao termo final de vigência do acordo, convenção ou sentença normativa, quando ajuizado o dissídio no prazo de 60 dias anteriores ao termo final.

Em caso de dissídio coletivo que tenha por motivo novas condições de trabalho e no qual figure como parte apenas uma fração de empregados de uma empresa, poderá o Tribunal competente, na própria decisão, estender tais condições de trabalho, se julgar justo e conveniente, aos demais empregados da empresa que forem da mesma profissão dos dissidentes.

O Tribunal fixará a data em que a decisão deve entrar em execução, bem como o prazo de sua vigência, o qual não poderá ser superior a quatro anos.

A decisão sobre novas condições de trabalho poderá também ser estendida a todos os empregados da mesma categoria profissional compreendida na jurisdição do Tribunal:

- por solicitação de um ou mais empregadores, ou de qualquer sindicato destes;
- por solicitação de um ou mais sindicatos de empregados;
- *ex officio*, pelo Tribunal que houver proferido a decisão;
- por solicitação da Procuradoria da Justiça do Trabalho.

Para que a decisão possa ser estendida, torna-se preciso que 3/4 dos empregadores e 3/4 dos empregados, ou os respectivos sindicatos, concordem com a extensão da decisão.

O Tribunal competente marcará prazo, não inferior a 30 nem superior a 60 dias, a fim de que se manifestem os interessados.

Ouvidos os interessados e a Procuradoria da Justiça do Trabalho, será o processo submetido ao julgamento do Tribunal.

Sempre que o Tribunal estender a decisão, marcará a data em que a extensão deva entrar em vigor.

Decorrido mais de um ano de sua vigência, caberá revisão das decisões que fixarem condições de trabalho, quando se tiverem modificado as circunstâncias que as ditaram, de modo que tais condições se hajam tornado injustas ou inaplicáveis.

A revisão poderá ser promovida por iniciativa do Tribunal prolator, da Procuradoria da Justiça do Trabalho, das associações sindicais ou de empregador ou empregadores interessados no cumprimento da decisão.

Quando a revisão for promovida por iniciativa do Tribunal prolator ou da Procuradoria, as associações sindicais e o empregador ou empregadores interessados serão ouvidos no prazo de 30 dias. Quando promovida por uma das partes interessadas, serão as outras ouvidas também por igual prazo.

A revisão será julgada pelo Tribunal que tiver proferido a decisão, depois de ouvida a Procuradoria da Justiça do Trabalho.

Modelo de dissídio coletivo de greve

EXMO. SR. DR. JUIZ PRESIDENTE DO E. TRIBUNAL REGIONAL DO TRABALHO DA 2ª REGIÃO

G. LTDA., com sede na Rua dos Estudantes, n. 15, por seu advogado que esta subscreve (doc. 1), vem, mui respeitosamente, à presença de V. Exa. ajuizar DISSÍDIO COLETIVO contra SINDICATO DOS EMPREGADOS ____, nos termos a seguir aduzidos.

A requerente é empresa metalúrgica, tendo por data-base o mês de agosto, sendo que a norma coletiva continua em vigor (doc. 2).

Ocorre que os empregados da suscitante estão em greve, postulando aumento de salários desde 1º-8-2017 até a presente data.

Todas as condições da norma coletiva vêm sendo cumpridas, inclusive os aumentos e antecipações determinados pela regra coletiva. Não há por que se falar em aumento de salários, inclusive em decorrência da situação econômica do país.

Ressalte-se que a greve foi deflagrada sem qualquer aviso prévio ao empregador, desatendendo ao parágrafo único do art. 3º da Lei n. 7.783/89, o que só por isso já torna a greve abusiva.

Os empregados se negam terminantemente a qualquer negociação (doc. 3).

Não havendo qualquer descumprimento da cláusula normativa ou da legislação salarial, nem existindo a superveniência de qualquer fato ou acontecimento imprevisto que modificasse substancialmente a relação de trabalho, a greve também não poderia existir para cumprimento de norma coletiva, na forma do parágrafo único do art. 14 da Lei n. 7.783/89.

Assim, requer a V. Exa. seja declarada a greve abusiva, determinando-se os descontos dos dias parados.

Requer a citação da ré para contestar a presente postulação, se o desejar, sob pena de revelia e confissão quanto a matéria de fato, que a final deverá ser acolhida, condenando a ré na forma do pedido.

Protesta provar o alegado por todos os meios de prova em direito admitidos, sem exclusão de nenhum, especialmente pela juntada de documentos, perícias, depoimentos pessoais e outros que se fizerem necessários.

Dá à causa o valor de R$ 10.000,00.

Nestes termos,

P. deferimento.

SP, ____

Advogado ____

OAB n. ____

Modelo de dissídio coletivo de natureza econômica

EXMO. SR. DR. JUIZ PRESIDENTE DO E. TRIBUNAL REGIONAL DO TRABALHO DA 2ª REGIÃO

SINDICATO DAS EMPRESAS COMERCIAIS DE SÃO PAULO, com sede na Rua dos Maias, n. 21, inscrita no CNPJ sob n., por seu advogado que esta subscreve (doc. 1), vem, mui respeitosamente, à presença de V. Exa. ajuizar DISSÍDIO COLETIVO contra SINDICATO DOS EMPREGADOS NO COMÉRCIO ____, nos termos a seguir aduzidos.

O requerente detém a base territorial em relação às empresas comerciais de São Paulo (doc. 2).

A data-base da categoria é 1º de novembro.

Foi feita assembleia geral para efeito da instauração do dissídio coletivo (doc. 3). O edital de convocação foi publicado na imprensa local (doc. 4).

Foi realizada a assembleia geral no dia 15-9-2011 (doc. 5).

As partes já fizeram várias negociações coletivas, mas não se chega a um resultado, em razão do impasse da parte contrária, que prefere que a questão seja discutida na Justiça do Trabalho.

O suscitante apresenta as bases para a conciliação, nos termos do art. 858 da CLT, sendo mantidas as condições de trabalho fixadas em instrumento normativos anteriores:

1) Reajuste salarial de 6,7%;

2) Produtividade de 3%;

3) Piso salarial de R$ 800,00;

4) Garantia do salário-substituição para o empregado que substituir temporariamente outro, em caso de férias, licença-maternidade, doença do trabalho;

5) Carta-aviso: as empresas se comprometem a fornecer carta-aviso, indicando os motivos pelos quais está havendo a dispensa;

6) Adicional de horas extras de 60%;

7) Adicional noturno de 50%;

8) Creches: as empresas que não tiverem creche própria pagarão o auxílio-creche no valor de 20% do salário normativo, por mês e por filho até cinco anos de idade;

9) As empresas ficam obrigadas a lavar o uniforme dos empregados;

10) Mora salarial: as empresas que não observarem o prazo para pagamento de salários deverão pagar ao empregado multa de 5% do valor do salário;

11) Férias: o início das férias não pode coincidir com sábados, domingos e feriados;

12) Multa normativa: em caso de descumprimento de qualquer cláusula normativa, as empresas pagarão ao empregado multa de 5% sobre o piso salarial.

Assim, requer a V. Exa. sejam mantidas as condições de trabalho das normas coletivas anteriores, acrescidas das acima indicadas.

Requer a citação do réu para contestar a presente postulação, se o desejar, sob pena de revelia e confissão quanto à matéria de fato, que a final deverá ser acolhida, condenando a ré na forma do pedido.

Protesta provar o alegado por todos os meios de prova em direito admitidos, sem exclusão de nenhum, especialmente pela juntada de documentos, perícias, depoimentos pessoais e outros que se fizerem necessários.

Dá à causa o valor de R$ 50.000,00.

Nestes termos,

P. deferimento.

SP, ____

Advogado ____

OAB n. ____

AÇÃO DE CUMPRIMENTO

Celebrado o acordo, ou transitada em julgado a decisão, seguir-se-á o seu cumprimento.

Quando os empregadores deixarem de satisfazer o pagamento de salários, na conformidade da decisão proferida, poderão os empregados ou seus sindicatos, independentes de outorga de poderes de seus associados, juntando certidão de tal decisão, apresentar reclamação ao juízo competente, sendo vedado, porém, questionar sobre a matéria de fato e de direito já apreciada na decisão (parágrafo único do art. 872 da CLT).

O parágrafo único do art. 872 da CLT retrata hipótese de substituição processual, pois o sindicato em nome próprio postula direito dos substituídos, os empregados.

Modelo de ação de cumprimento

EXMO. SR. DR. JUIZ DA __ VARA DO TRABALHO DE SÃO PAULO

C. D., brasileiro, casado, metalúrgico, residente na Rua dos Pintassilgos, n. 12, por seu advogado que esta subscreve (doc. 1), vem, mui respeitosamente, à presença de V. Exa. propor AÇÃO DE CUMPRIMENTO contra METALÚRGICA S. T. LTDA., com fundamento no parágrafo único do art. 872 da CLT, de acordo com as razões a seguir aduzidas.

O autor é empregado da reclamada desde 11-1-1991, continuando a trabalhar na empresa normalmente.

O dissídio coletivo da categoria (doc. 2) concedeu um aumento real de 15% sobre o salário de novembro de 2010.

Ocorre que a reclamada concedeu apenas 8% de aumento sobre o salário de novembro de 2010 e ainda mais uma antecipação de 1% em janeiro.

No entanto, até a presente data não reajustou o salário do autor na conformidade do dissídio coletivo, nem pagou as diferenças devidas e repercussões no 13º salário de 1992 e incidências do FGTS.

Assim, pretende o pagamento de:

a) diferenças salariais - R$ 1.200,00;

b) diferenças de 13º salário - R$ 200,00

c) incidências do FGTS - R$ 112,00

R$ 1.512,00

As verbas acima deverão ser corrigidas e acrescidas dos juros legais.

Requer a citação da ré para contestar a presente postulação, se o desejar, sob pena de revelia e confissão quanto à matéria de fato, que a final deverá ser acolhida, condenando a reclamada na forma do pedido, acrescido de juros e correção monetária.

Protesta pela produção de provas em direito admitidas, sem exclusão de nenhuma, especialmente pelo depoimento pessoal da reclamada (Súmula 74 do TST), testemunhas, perícias, juntada de documentos.

Dá à causa o valor de R$ 1.520,00.

Nestes termos,

P. deferimento.

SP, ____

Advogado ____

OAB n. ____

Capítulo 13

LIQUIDAÇÃO DE SENTENÇA

Sendo ilíquida a sentença exequenda, ordenar-se-á, previamente, a sua liquidação, que poderá ser feita por cálculos, por arbitramento ou por artigos (art. 879 da CLT).

Na liquidação, não se poderá modificar, ou inovar, a sentença liquidanda nem discutir matéria pertinente à causa principal.

A liquidação abrangerá, também, o cálculo das contribuições previdenciárias devidas.

As partes deverão ser previamente intimadas para a apresentação do cálculo de liquidação, inclusive da contribuição previdenciária incidente.

Elaborada a conta e tornada líquida, o juiz deverá abrir às partes prazo comum de oito dias para impugnação fundamentada com a indicação dos itens e valores objeto da discordância, sob pena de preclusão (§ 2º do art. 879 da CLT).

A atualização dos créditos decorrentes de condenação judicial será feita pela Taxa Referencial (TR), divulgada pelo Banco Central do Brasil, conforme a Lei n. 8.177, de 1º de março de 1991.

Elaborada a conta pela parte ou pelos órgãos auxiliares da Justiça do Trabalho, o juiz fará a intimação da União para manifestação, no prazo de 10 dias, sob pena de preclusão.

Tratando-se de cálculos de liquidação complexos, o juiz poderá nomear perito para a elaboração e fixará, depois da conclusão do trabalho, o valor dos respectivos honorários com observância, entre outros, dos critérios de razoabilidade e proporcionalidade.

Far-se-á a liquidação por arbitramento quando:

- determinado pela sentença ou convencionado pelas partes;
- o exigir a natureza do objeto da liquidação (art. 509, I, do CPC).

Requerida a liquidação por arbitramento, o juiz nomeará o perito e fixará o prazo para a entrega do laudo. Apresentado o laudo, sobre o qual poderão as partes manifestar-se no prazo de 10 dias, o juiz proferirá decisão ou designará, se necessário, audiência.

Modelo de liquidação de sentença por arbitramento

EXMO. SR. JUIZ DA 33ª VARA DO TRABALHO DE SÃO PAULO

Proc. 543/08

D. V. D, por seu advogado que esta subscreve, nos autos da reclamação trabalhista proposta contra W. COML. DE LÂMPADAS LTDA., vem, mui respeitosamente, à presença de V. Exa. requerer que a liquidação da sentença seja feita por ARBITRAMENTO, nos termos do inciso I do art. 509 do CPC, de acordo com os motivos a seguir aduzidos.

A r. sentença determinou o pagamento de horas extras que fossem apuradas em liquidação de sentença. Ocorre que parte das horas extras está nos poucos cartões de ponto juntados aos autos. Contudo, logo após a sentença, a reclamada alega que perdeu o restante dos cartões de ponto, que foram extraviados no incêndio ocorrido na empresa.

Assim, tratando-se da impossibilidade da apuração das horas extras prestadas em determinados meses, há necessidade de que o *quantum* devido seja arbitrado por uma pessoa de confiança deste MM. juízo.

Espera o acolhimento da presente petição, designando-se árbitro para fazer a apuração das horas extras que não estão consignadas nos cartões de ponto.

Nestes termos,

P. deferimento.

SP, ____

Advogado ____

OAB n. ____

LIQUIDAÇÃO POR ARTIGOS

Far-se-á a liquidação por artigos, quando, para determinar o valor da condenação, houver necessidade de alegar e provar fato novo (art. 509, II, do CPC).

Modelo de liquidação de sentença por artigos

EXMO. SR. DR. JUIZ DA 33ª VARA DO TRABALHO DE SÃO PAULO

Proc. n. 789/09

P. M., por seu advogado que esta subscreve, nos autos da reclamação trabalhista proposta contra E. INDL. LTDA., vem, mui respeitosamente, à presença de V. Exa. requerer que se proceda à liquidação por artigos, na forma do art. 509, II, do CPC, pelos motivos a seguir indicados.

A r. sentença, que foi confirmada pelo E. Tribunal Regional do Trabalho da 2ª Região, determinou o pagamento de horas extras e feriados que fossem apurados em liquidação de sentença, faltando apenas a prova dos feriados trabalhados.

Pelo que o liquidante se lembra, não trabalhou apenas nos feriados de 25-12 e 1º-1 de cada ano. Nos demais feriados, trabalhou em todas as oportunidades. Alguns desses feriados já estão anotados nos cartões de ponto, outros não, pois quem apontava os cartões era o apontador.

Dessa forma, requer a designação de audiência para que possam ser provados por testemunhas os feriados em que laborou, que foram em média 9 por ano. Requer, outrossim, a notificação da parte contrária para responder à presente.

Protesta provar o alegado por todos os meios de prova admitidos em direito, sem exclusão de nenhum, como perícias, testemunhas, depoimento pessoal da reclamada etc.

Nestes termos,

P. deferimento.

SP, ____

Advogado ____

OAB n. ____

Modelo de liquidação de sentença por cálculos

EXMO. SR. DR. JUIZ DA 33ª VARA DO TRABALHO DE SÃO PAULO

Proc. n. 543/00

S. R., por seu advogado que esta subscreve, nos autos da reclamação trabalhista proposta contra FARMÁCIA J. P. LTDA., vem, mui respeitosamente, à presença de Vossa Excelência requerer a remessa dos autos ao contador, para que se faça a liquidação por cálculos, pois a sentença é totalmente líquida, estabelecendo as verbas rescisórias que lhe são devidas, sendo o caso de calcular apenas os juros e a correção monetária.

Nestes termos,

P. deferimento.

SP, ____

Advogado ____

OAB n. ____

Modelo de sentença na liquidação

Vistos.

O cálculo do perito revela que as horas extras são devidas no valor de R$ 1.000,00. O adicional de horas extras adotado pelo Sr. perito está correto, pois foi de 25% até 4-10-1988 (Súmula 215 do TST) e de 50% a partir de 5-10-1988 (art. 7º, XVI, da Constituição).

O cálculo das verbas rescisórias também está correto, totalizando o valor de R$ 1.500,00.

A correção monetária adotada foi calculada de acordo com as prescrições do Decreto-Lei n. 2.322/87, Lei n. 7.730/89 e Lei n. 8.177/91.

Os juros de mora foram calculados à razão de 1% a.m., capitalizados somente a partir da edição do Decreto-Lei n. 2.322/87, e a partir do advento do art. 39 da Lei n. 8.177/91 passaram a ser de 1% ao mês, de maneira simples.

Correta está a conta de liquidação. Intime-se a executada a pagar o débito na forma da lei.

SP, ____

Juiz do trabalho ____

Capítulo 14

EXECUÇÃO

As decisões passadas em julgado ou das quais não tenha havido recurso com efeito suspensivo, os acordos, quando não cumpridos, os termos de ajuste de conduta firmados perante o Ministério Público do Trabalho e os termos de conciliação firmados perante as Comissões de Conciliação Prévia serão executados.

Aos trâmites e incidentes do processo da execução são aplicáveis, naquilo em que não contravierem ao Título de execução da CLT, os preceitos que regem o processo dos executivos fiscais para a cobrança judicial da dívida ativa da Fazenda Pública Federal (art. 889 da CLT).

A Justiça do Trabalho executará, de ofício, as contribuições sociais previstas na alínea *a* do inciso I e no inciso II do *caput* do art. 195 da Constituição, e seus acréscimos legais, relativas ao objeto da condenação constante das sentenças que proferir e dos acordos que homologar (parágrafo único do art. 876 da CLT).

É competente para a execução das decisões o Juiz ou Presidente do Tribunal que tiver conciliado ou julgado originariamente o dissídio.

É competente para a execução de título executivo extrajudicial o juiz que teria competência para o processo de conhecimento relativo à matéria.

A execução será promovida pelas partes, permitida a execução de ofício pelo juiz ou pelo Presidente do Tribunal apenas nos casos em que as partes não estiverem representadas por advogado (art. 878 do CLT).

Faculta-se ao devedor o pagamento imediato da parte que entender devida à Previdência Social, sem prejuízo da cobrança de eventuais diferenças encontradas na execução *ex officio*.

Requerida a execução, o Juiz ou Presidente do Tribunal mandará expedir mandado de citação do executado, a fim de que cumpra a decisão ou o acordo no prazo, pelo modo e sob as cominações estabelecidas ou, quando se tratar de pagamento em dinheiro, inclusive de contribuições sociais devidas à União, para que o faça em 48 horas ou garanta a execução, sob pena de penhora.

O mandado de citação deverá conter a decisão exequenda ou o termo de acordo não cumprido.

A citação será feita pelos oficiais de justiça.

Se o executado, procurado por duas vezes no espaço de 48 horas, não for encontrado, far-se-á citação por edital, publicado no jornal oficial ou, na falta deste, afixado na sede da Vara do Trabalho ou Juízo de Direito, durante cinco dias.

O executado que não pagar a importância reclamada poderá garantir a execução mediante o seu depósito, atualizada e acrescida das despesas processuais, ou nomear bens à penhora, observada a ordem preferencial estabelecida no art. 655 do CPC.

O executado que não pagar a importância reclamada poderá garantir a execução mediante depósito da quantia correspondente, atualizada e acrescida das despesas processuais, apresentação de seguro-garantia judicial ou nomeação de bens à penhora, observada a ordem preferencial estabelecida no art. 835 do CPC (art. 882 da CLT).

A exigência da garantia ou penhora não se aplica às entidades filantrópicas e/ou àqueles que compõem ou compuseram a diretoria dessas instituições.

Não pagando o executado, nem garantindo a execução, seguir-se-á a penhora dos bens, tantos quantos bastem ao pagamento da importância da condenação, acrescida de custas e juros de mora, sendo estes, em qualquer caso, devidos a partir da data em que for ajuizada a reclamação inicial.

Nas prestações sucessivas por tempo determinado, a execução pelo não pagamento de uma prestação compreenderá as que lhe sucederem (art. 891 da CLT).

Tratando-se de prestações sucessivas por tempo indeterminado, a execução compreenderá inicialmente as prestações devidas até a data do ingresso na execução (art. 892 da CLT).

A exceção de pré-executividade serve para discutir matéria de ordem pública, que o juiz poderia conhecer de ofício.

Não existe exatamente um prazo para a sua apresentação, em razão de que não é prevista em lei.

Modelo de exceção de pré-executividade

EXMO. SR. DR. JUIZ DA 33ª VARA DO TRABALHO DE SÃO PAULO

Distribuição por dependência ao Proc. n. 722/08

M. B. LTDA., por seu advogado que esta subscreve, nos autos da reclamação trabalhista proposta por J. I., vem, mui respeitosamente, à presença de V. Exa. apresentar EXCEÇÃO DE PRÉ-EXECUTIVIDADE, de acordo com as seguintes razões.

O recorrente não foi citado para se defender na presente ação.

Quando da prolação da sentença, também não foi intimado da referida decisão.

Na execução, também não houve citação.

As pessoas que assinam as intimações não pertencem aos quadros da empresa.

Logo, a execução é plenamente nula, por falta de título.

Assim, requer a distribuição por dependência deste ao proc. n. 722/08, entendendo que deve ser anulada a sentença.

Protesta provar o alegado por todos os meios de prova em direito admitidos, especialmente pelos depoimentos pessoais, testemunhas e juntada de documentos.

Dá-se à causa o valor de R$ 1.000,00.

Nestes termos,

P. deferimento.

SP, ____

Advogado ____

OAB n. ____

O sócio retirante responde subsidiariamente pelas obrigações trabalhistas da sociedade relativas ao período em que figurou como sócio, somente em ações ajuizadas até dois anos depois de averbada a modificação do contrato, observada a seguinte ordem de preferência (art. 10-A da CLT):

I – a empresa devedora;

II – os sócios atuais; e

III – os sócios retirantes.

O sócio retirante responderá solidariamente com os demais quando ficar comprovada fraude na alteração societária decorrente da modificação do contrato.

Caracterizada a sucessão empresarial ou de empregadores prevista nos arts. 10 e 448 desta Consolidação, as obrigações trabalhistas, inclusive as contraídas à época em que os empregados trabalhavam para a empresa sucedida, são de responsabilidade do sucessor (art. 448-A da CLT). A empresa sucedida responderá solidariamente com a sucessora quando ficar comprovada fraude na transferência.

INCIDENTE DE DESCONSIDERAÇÃO DA PERSONALIDADE JURÍDICA

Aplica-se ao processo do trabalho o incidente de desconsideração da personalidade jurídica previsto nos arts. 133 a 137 do CPC (art. 855-A da CLT).

Da decisão interlocutória que acolher ou rejeitar o incidente:

I – na fase de cognição, não cabe recurso de imediato, na forma do § 1º do art. 893 da CLT;

II – na fase de execução, cabe agravo de petição, independentemente de garantia do juízo;

III – cabe agravo interno se proferida pelo relator em incidente instaurado originariamente no tribunal.

A instauração do incidente suspenderá o processo, sem prejuízo de concessão da tutela de urgência de natureza cautelar de que trata o art. 301 do CPC.

Modelo de incidente de desconsideração da personalidade jurídica

EXMO. SR. DR. JUIZ DA 33ª VARA DO TRABALHO DE SÃO PAULO

Proc. 123/14

Juca de Pádua, brasileiro, casado, enrolador, titular da CTPS n. 4000, série 123, residente e domiciliado na Rua das Orquídeas, 19, Centro, São Paulo, titular do RG n. e do CPF n., por seu advogado que esta subscreve (doc. 1), vem, mui respeitosamente, à presença de V. Exa. requerer a desconsideração da personalidade jurídica da empresa INDUSTRIAL M. LTDA., com sede na Rua do Oratório, n. 12, Mooca, São Paulo, CEP 02132-060, inscrita no CNPJ sob n., de acordo com as razões a seguir aduzidas.

O autor foi admitido em 1º-1-2000 e dispensado sem justa causa em 18-2-2007. Seu último salário mensal era de R$ 1.000,00. Optou pelo FGTS na admissão.

A sentença transitou em julgado e condenou a empresa a pagar ao autor R$ 50.000,00, que corresponde ao seu crédito atualizado.

Foram enviados todos os esforços para receber da empresa, com expedição de ofícios à Receita Federal, aos Cartórios, Junta Comercial, DETRAN etc.

Até agora não obteve êxito no recebimento dos seus créditos.

São sócios da empresa Mauro Roberto e Pedro de Melo (doc. 2).

Pede o autor que seja desconsiderada a pessoa jurídica para que o valor do seu crédito seja recebido dos sócios, com penhora de seus bens.

Requer a citação da reclamada para contestar a presente postulação, se o desejar, sob pena de revelia e confissão quanto a matéria de fato, que a final deverá ser acolhida, condenando os sócios a pagarem ao autor o seu crédito de R$ 50.000,00, atualizado até esta data, sem prejuízo de juros e correção monetária futuros.

Protesta provar o alegado por todos os meios de prova em direito admitidos, sem exclusão de nenhum, especialmente pelo depoimento pessoal dos sócios, sob pena de confissão (Súmula 74 do TST), oitiva de testemunhas, perícias, juntada de documentos e demais provas que se fizerem necessárias.

P. deferimento.

SP, ____

Advogado ____

OAB n. ____

EMBARGOS À EXECUÇÃO

Garantida a execução ou penhorados os bens, terá o executado cinco dias para apresentar embargos, cabendo igual prazo ao exequente para impugnação (art. 884 da CLT). A matéria de defesa será restrita às alegações de cumprimento da decisão ou do acordo, quitação ou prescrição da dívida.

Ocorre a prescrição intercorrente no processo do trabalho no prazo de dois anos (art. 11-A da CLT). A fluência do prazo prescricional intercorrente inicia-se quando o exequente deixa de cumprir determinação judicial no curso da execução. A declaração da prescrição intercorrente pode ser requerida ou declarada de ofício em qualquer grau de jurisdição.

Se na defesa tiverem sido arroladas testemunhas, poderá o juiz ou o Presidente do Tribunal, caso julgue necessários seus depoimentos, marcar audiência para a produção das provas, a qual deverá realizar-se dentro de cinco dias.

Somente nos embargos à penhora poderá o executado impugnar a sentença de liquidação, cabendo ao exequente igual direito e no mesmo prazo. Julgar-se-ão na mesma sentença os embargos e as impugnações à liquidação apresentadas pelos credores trabalhista e previdenciário.

Considera-se inexigível o título judicial fundado em lei ou ato normativo declarados inconstitucionais pelo Supremo Tribunal Federal ou em aplicação ou interpretação tidas por incompatíveis com a Constituição.

Não tendo sido arroladas testemunhas na defesa, o Juiz ou Presidente, conclusos os autos, proferirá sua decisão, dentro de cinco dias, julgando subsistente ou insubsistente a penhora.

Se tiverem sido arroladas testemunhas, finda a sua inquirição em audiência, o escrivão ou secretário fará, dentro de 48 horas, conclusos os autos ao Juiz ou Presidente, que proferirá sua decisão.

Proferida a decisão, serão dela intimadas as partes interessadas, em registrado postal, com franquia.

Modelo de embargos à execução

EXMO. SR. DR. JUIZ DA 33ª VARA DO TRABALHO DE SÃO PAULO

Distribuição por dependência ao Proc. n. 722/98

M. B. LTDA., por seu advogado que esta subscreve, nos autos da reclamação trabalhista proposta por J. I., vem, mui respeitosamente, à presença de V. Exa. apresentar EMBARGOS À EXECUÇÃO, com fundamento no art. 884 da CLT, de acordo com as seguintes razões.

A embargante entende que deve ser aplicada a prescrição intercorrente, pois o processo ficou parado mais de cinco anos na execução, somente sendo impulsionado a partir de janeiro de 1993. Desde novembro de 2000, o processo não tem qualquer requerimento.

De acordo com a Súmula 327 do STF, é aplicável ao processo do trabalho a prescrição intercorrente, visto que a prescrição alegável nos embargos à execução só pode ser arguida após a sentença que acolheu a pretensão do reclamante.

Havendo disposição no § 1º do art. 884 da CLT, não se aplica a lei de execução fiscal ou o CPC.

Assim, requer a distribuição por dependência deste ao proc. n. 722/98, entendendo que está totalmente prescrita a execução, sendo o caso de se extinguir a execução com julgamento de mérito, na forma do art. 487, II, do CPC.

Dá-se à causa o valor de R$ 1.000,00.

Nestes termos,

P. deferimento.

SP, ____

Advogado ____

OAB n. ____

Modelo de impugnação

EXMO. SR. DR. JUIZ DA 33ª VARA DO TRABALHO DE SÃO PAULO

Proc. n. 123/08

G. P., por seu advogado que esta subscreve, nos autos da reclamação trabalhista proposta contra M. L. CIA. LTDA., vem, mui respeitosamente, à presença de V. Exa. apresentar impugnação à r. sentença de liquidação.

A sentença de liquidação não atentou para a manifestação do reclamante de fls. 82, em que o autor demonstra a incorreção da conta do Sr. perito, pois a correção monetária aplicada não está correta.

Verificando-se na tabela anexa o índice de correção monetária do principal, o débito corrigido até a data em que o perito apurou as verbas devidas ao exequente monta em R$ 50.000,00, e não os R$ 40.000,00 apurados.

Assim, impugna a sentença de liquidação, devendo o *quantum* devido ser fixado em R$ 50.000,00.

Nestes termos,

P. deferimento.

SP, ____

Advogado ____

OAB n. ____

EMBARGOS DE TERCEIRO

Quem, não sendo parte no processo, sofrer constrição ou ameaça de constrição sobre bens que possua ou sobre os quais tenha direito incompatível com o ato constritivo, poderá requerer seu desfazimento ou sua inibição por meio de embargos (art. 674 do CPC).

Os embargos podem ser de terceiro senhor e possuidor, ou apenas possuidor.

Considera-se terceiro:

- o cônjuge ou companheiro, quando defende a posse de bens próprios ou de sua meação, ressalvado o disposto no art. 843 do CPC;
- o adquirente de bens cuja constrição decorreu de decisão que declara a ineficácia da alienação realizada em fraude à execução;
- quem sofre constrição judicial de seus bens por força de desconsideração da personalidade jurídica, de cujo incidente não fez parte;
- o credor com garantia real para obstar expropriação judicial do objeto de direito real de garantia, caso não tenha sido intimado, nos termos legais dos atos expropriatórios respectivos (§ 2º do art. 674 do CPC).

Os embargos podem ser opostos a qualquer tempo no processo de conhecimento enquanto não transitada em julgado a sentença, e, no processo de execução, até cinco dias depois da arrematação, adjudicação ou remição, mas sempre antes da assinatura da respectiva carta (art. 675 do CPC).

Os embargos serão distribuídos por dependência e correrão em autos distintos perante o mesmo juiz que ordenou a apreensão.

O embargante, em petição elaborada com observância do disposto no art. 319 do CPC, fará a prova sumária de sua posse e a qualidade de terceiro, oferecendo documentos e rol de testemunhas.

É facultada a prova da posse em audiência preliminar designada pelo juiz.

Julgando suficientemente provada a posse, o juiz deferirá liminarmente os embargos e ordenará a expedição de mandado de manutenção ou de restituição em favor do embargante, que só receberá os bens depois de prestar caução de os devolver com seus rendimentos, caso sejam afinal rejeitados.

Quando os embargos versarem sobre todos os bens, determinará o juiz a suspensão do curso do processo principal; versando sobre alguns deles, prosseguirá o processo principal somente quanto aos bens não embargados.

Na execução por carta precatória, os embargos de terceiro serão oferecidos no juízo deprecado, salvo se indicado pelo juízo deprecante o bem constrito ou se já devolvida a carta (art. 676, parágrafo único, do CPC de 2015) (Súmula 419 do TST).

Modelo de embargos de terceiro

EXMO. SR. DR. JUIZ DA 33ª VARA DO TRABALHO DE SÃO PAULO

Distribuição por dependência ao Proc. n. 178/05

O. L. T., por seu advogado que esta subscreve (doc. 1), vem, mui respeitosamente, à presença de V. Exa. apresentar EMBARGOS DE TERCEIRO em relação ao processo n. 178/05 proposto por C. T. contra LOJAS M. LTDA., com fundamento no art. 674 do CPC, de acordo com as razões a seguir expostas.

A embargante é terceira no processo entre C.T. contra Lojas M. Ltda.

É proprietária do imóvel sito na Rua Walmor Chagas, n. 41 (doc. 2).

Ocorre que o referido telefone foi penhorado nos autos do processo n. 178/05, com alegação de pertencer à reclamada e de que não há outros bens a penhorar.

Destaque-se, ainda, como provam as inclusas declarações de imposto de renda (docs. 3 a 8), que o bem é o único imóvel da requerente e é o local de residência de sua família. Logo, não poderia ser penhorado, nos termos da Lei n. 8.009/90.

Assim, requer a distribuição por dependência ao proc. n. 178/05, esperando que os presentes embargos sejam conhecidos e providos, determinando-se a liberação da penhora sobre o imóvel.

Protesta provar o alegado por todos os meios de prova em direito admitidos, especialmente pelos depoimentos pessoais, testemunhas e juntada de documentos.

Dá à causa o valor de R$ 3.000,00.

Nestes termos,

P. deferimento.

SP, ____

Advogado ____

OAB n. ____

EMBARGOS À ARREMATAÇÃO E À ADJUDICAÇÃO

Julgada subsistente a penhora, o juiz, ou presidente, mandará proceder logo à avaliação dos bens penhorados.

A avaliação dos bens penhorados em virtude da execução de decisão condenatória, será feita por avaliador escolhido de comum acordo pelas partes, que perceberá as custas arbitradas pelo Juiz, ou Presidente do tribunal trabalhista, de conformidade com a tabela a ser expedida pelo Tribunal Superior do Trabalho.

Não acordando as partes quanto à designação de avaliador, dentro de cinco dias após o despacho que o determinou à avaliação, será o avaliador designado livremente pelo Juiz ou Presidente do Tribunal.

Os servidores da Justiça do Trabalho não poderão ser escolhidos ou designados para servir de avaliador.

Concluída a avaliação, dentro de 10 dias, contados da data da nomeação do avaliador, seguir-se-á a arrematação, que será anunciada por edital afixado na sede do juízo ou tribunal e publicado no jornal local, se houver, com a antecedência de 20 dias.

A arrematação far-se-á em dia, hora e lugar anunciados e os bens serão vendidos pelo maior lance, tendo o exequente preferência para a adjudicação.

O arrematante deverá garantir o lance com o sinal correspondente a 20% do seu valor.

Não havendo licitante, e não requerendo o exequente a adjudicação dos bens penhorados, poderão ser vendidos por leiloeiro nomeado pelo Juiz ou Presidente.

Se o arrematante, ou seu fiador, não pagar dentro de 24 horas o preço da arrematação, perderá, em benefício da execução, o sinal, voltando à praça os bens executados.

Dispõe o art. 13 da Lei n. 5.584/70 que, "em qualquer hipótese, a remição só será deferível ao executado se este oferecer preço igual ao valor da condenação".

Modelo de embargos à arrematação

EXMO. SR. DR. JUIZ DA 33ª VARA DO TRABALHO DE SÃO PAULO

Distribuição por dependência ao Proc. n. 122/08

M. B., por seu advogado que esta subscreve, nos autos da reclamação trabalhista proposta por J. M., vem, mui respeitosamente, à presença de V. Exa. apresentar EMBARGOS À ARREMATAÇÃO, de acordo com as seguintes razões.

Foi deferida a arrematação do veículo Gol placa OVN ____, de propriedade do embargante (doc. 2).

Ocorre que o embargante tem preferência na remição dos bens, por ser o executado.

O embargante ofereceu preço igual ao do valor da condenação, acrescido dos juros, correção monetária e honorários do perito. O art. 13 da Lei n. 5.584/70 é claro no sentido de que, "em qualquer hipótese, a remição só será deferível ao executado se este oferecer preço igual ao valor da condenação". Ora, isso foi feito.

Logo, não poderia a arrematação ter sido conferida a um terceiro, quando o próprio executado ofereceu o valor da condenação, nos termos do art. 13 da Lei n. 5.584/70.

Assim, requer a distribuição por dependência ao Proc. n. 122/08, entendendo que deva ser deferida a remição dos bens ao embargante, como medida de Direito.

Dá-se à causa o valor de R$ 1.000,00.

Nestes termos,

P. deferimento.

SP, ____

Advogado ____

OAB n. ____

Modelo de embargos à adjudicação

EXMO. SR. DR. JUIZ DA 33ª VARA DO TRABALHO DE SÃO PAULO

Distribuição por dependência ao Proc. n. 122/08

Frigorífico Boi Magro Ltda., por seu advogado que esta subscreve, nos autos da reclamação trabalhista proposta por S. P. M., vem, mui respeitosamente, à presença de V. Exa. apresentar EMBARGOS À ADJUDICAÇÃO, de acordo com as seguintes razões.

Foi deferida a adjudicação do veículo Gol placa OVN ____, de propriedade do embargante (doc. 2).

O valor da adjudicação deveria ser feito pelo valor da avaliação, e não com base no maior lance.

É nula, portanto, a adjudicação.

A execução deve ser feita de forma menos onerosa para o devedor (art. 805 do CPC).

Logo, não poderia a arrematação ter sido conferida a um terceiro, quando o próprio executado ofereceu o valor da condenação, nos termos do art. 13 da Lei n. 5.584/70.

Assim, requer a distribuição por dependência ao proc. n. 122/08, entendendo que deva ser deferida a adjudicação dos bens ao embargante, como medida de Direito.

A prova dos fatos é feito pelos documentos ora juntados.

Dá-se à causa o valor de R$ 1.000,00.

Nestes termos,

P. deferimento.

SP, ____

Advogado ____

OAB n. ____

Modelo de sentença que julga impugnação

Proc. n. 0000101-57.2012.5.02.0221

Embargante: S. P. M.

Embargada: DOCES E PAPELARIA LTDA. ME

I - RELATÓRIO

Apresenta impugnação à liquidação de sentença a empresa alegando que os juros e a correção monetária foram calculados de forma incorreta. O imposto de renda deve ser calculado na forma do art. 12-A da Lei n. 7.713/88.

Contraminuta a fls. 79-81.

O juízo está garantido com a penhora de fls. 83.

É o relatório.

II - FUNDAMENTAÇÃO

1) Vale-transporte

Afirma o autor que o cálculo do vale-transporte está errado.

O vale-transporte foi calculado de acordo com as duas conduções diárias determinadas na sentença.

Sem razão.

2) Imposto de renda

Determina o art. 46 da Lei n. 8.541/92 que "o imposto sobre a renda incidente sobre os rendimentos pagos em cumprimento de decisão judicial será retido na fonte pela pessoa física ou jurídica obrigada ao pagamento, no momento em que, por qualquer forma, o rendimento se torne disponível para o beneficiário". Reza o § 2º da mesma norma que "quando se tratar de rendimento sujeito a aplicação da tabela progressiva, deverá ser utilizada a tabela vigente no mês de pagamento".

Informa o inciso II da Súmula 368 do TST que "É do empregador a responsabilidade pelo recolhimento das contribuições previdenciárias e fiscais, resultante de crédito do empregado oriundo de condenação judicial, devendo ser calculadas, em relação à incidência dos descontos fiscais, mês a mês, nos termos do art. 12-A da Lei n. 7.713, de 22/12/1988".

A retenção do imposto de renda na fonte decorre do art. 46 da Lei n. 8.541/92 e do Provimento n. 1/96 da Corregedoria do TST. O art. 45 do CTN estabelece que a lei pode atribuir à fonte pagadora da renda a condição de responsável pela retenção e pagamento do imposto, que é o que faz a Lei n. 8.541/92.

O cálculo do imposto de renda deve ser feito na forma do art. 12-A e seus parágrafos da Lei n. 7.713/88, que passou a estabelecer critérios para o cálculo do imposto de renda em relação a pagamentos acumulados.

Se o valor do imposto de renda for recolhido em importância superior à devida, o autor poderá apresentar declaração para haver eventual diferença recolhida a mais durante o ano, como lhe faculta a legislação.

3) Juros de mora

O montante dos juros foi apurado em liquidação de sentença, por meio de cálculos, no importe de 1% ao mês a contar da data do ajuizamento da ação (art. 39, § 1º, da Lei n. 8.177/91).

4) Correção monetária

A correção monetária é devida a partir da data do pagamento das verbas rescisórias (documento n. 1 – fls. 60). Não se aplica ao caso dos autos a Súmula 381 do TST.

III – DISPOSITIVO

Pelo exposto, acolho em parte a impugnação à sentença de liquidação ofertada pelo autor para determinar que o imposto de renda seja calculado nos termos do art. 12-A da Lei n. 7.713/88.

Sergio Pinto Martins
Juiz do Trabalho

A decisão judicial transitada em julgado somente poderá ser levada a protesto, gerar inscrição do nome do executado em órgãos de proteção ao crédito ou no Banco Nacional de Devedores Trabalhistas (BNDT), nos termos da lei, depois de transcorrido o prazo de quarenta e cinco dias a contar da citação do executado, se não houver garantia do juízo (art. 883-A da CLT).

REFERÊNCIAS

ALMEIDA, Amador Paes de. *Curso prático de processo do trabalho*. 20. ed. São Paulo: Saraiva, 2009.

ALMEIDA, Isis de. *Manual de direito processual do trabalho*. 3. ed. São Paulo: LTr, 1991.

BARBI, Celso Agrícola. *Ação declaratória principal e incidente*. 4. ed. São Paulo: Forense, 1976.

BATALHA, Wilson de Souza Campos. *Direito processual das coletividades e dos grupos*. São Paulo: LTr, 1991.

________. *Tratado de direito judiciário do trabalho*. São Paulo: LTr, 1985; 3. ed., 1995.

BEDAQUE, José Roberto dos Santos. *Poderes instrutórios do juiz*. São Paulo: Revista dos Tribunais, 1991.

BUZAID, Alfredo. "Juicio de amparo" e mandado de segurança. *Revista da Faculdade de Direito da Universidade de São Paulo*, v. 56, p. 227, 1961.

CARDONE, Marly A. *Advocacia trabalhista*. 19. ed. São Paulo: Saraiva, 2009.

CARRION, Valentin. *Comentários à CLT*. 11. ed. São Paulo: Revista dos Tribunais, 1989; 24. ed. Saraiva, 1999.

CAVALCANTE, Jouberto de Quadros Pessoa; JORGE NETO, Francisco Ferreira. *Prática jurídica trabalhista*. 2. ed. São Paulo: Atlas, 2011.

COSTA, Carlos Coqueijo. *Direito processual do trabalho*. 2. ed. Rio de Janeiro: Forense, 1984.

________. *Mandado de segurança e controle constitucional*. 3. ed. São Paulo: LTr, 1987.

________. *O direito processual do trabalho e o Código de Processo Civil de 1973*. São Paulo: LTr, 1984.

________. *Direito judiciário do trabalho*. Rio de Janeiro: Forense, 1977.

COSTA, José Ribamar da. *Direito processual do trabalho*. 4. ed. São Paulo: LTr, 1991.

DINAMARCO, Cândido Rangel. *Litisconsórcio*. São Paulo: Revista dos Tribunais, 1984.

FADEL, Sergio Sahione. *CPC comentado*. 5. ed. Rio de Janeiro: Forense, 1984. v. 1.

GIGLIO, Wagner D. *Direito processual do trabalho*. 5. ed. São Paulo: LTr, 1984; 12. ed. Saraiva, 2002.

GONÇALVES, Emílio. *Ação de cumprimento no direito brasileiro*. 2. ed. São Paulo: LTr, 1991*a*.

________. *Da reconvenção no processo trabalhista*. São Paulo: LTr, 1991*b*.

GRECO FILHO, Vicente. *Direito processual civil brasileiro*. São Paulo: Saraiva, 1981.

LAMARCA, Antonio. *Processo do trabalho comentado*. São Paulo: Revista dos Tribunais, 1982.

________. *Execução na Justiça do Trabalho*. São Paulo: Fulgor, 1962.

MANUS, Pedro Paulo Teixeira. *Execução de sentença no processo do trabalho*. 3. ed. São Paulo: Atlas, 2008.

MARQUES, José Frederico. *Manual de direito processual civil*. São Paulo: Saraiva, 1980; 1974, v. IV; 1976, v. 4.

MARTINS, Sergio Pinto. *Direito do trabalho*. 32. ed. São Paulo: Saraiva, 2016.

________. *Tutela antecipada e tutela específica no processo do trabalho*. 3. ed. São Paulo: Atlas, 2002.

________. *Medidas cautelares no processo do trabalho*. São Paulo: Malheiros, 1996.

________. *Execução da contribuição previdenciária na Justiça do Trabalho*. 3. ed. São Paulo: Atlas, 2008.

________. *Comissões de conciliação prévia e procedimento sumaríssimo*. 2. ed. São Paulo: Atlas, 2001.

________. *Direito processual do trabalho*. 38. ed. São Paulo: Atlas, 2016.

MEIRELLES, Hely Lopes. *Mandado de segurança e ação popular*. 9. ed. São Paulo: Revista dos Tribunais, 1983.

________. Problemas do mandado de segurança. *RDA*, v. 73, p. 79.

MOREIRA, José Carlos Barbosa. *O novo processo civil brasileiro*. 12. ed. Rio de Janeiro: Forense, 1992.

NASCIMENTO, Amauri Mascaro. *Curso de direito processual do trabalho*. 26. ed. São Paulo: Saraiva, 2011.

OLIVEIRA, Débora Costa. *O juiz e a prova trabalhista*. São Paulo: LTr, 2005.

OLIVEIRA, Eudes. *A técnica do interrogatório*. 5. ed. Fortaleza: ABC, 2001.

OLIVEIRA, Fabio Leopoldo de. *Curso expositivo de direito processual do trabalho*. São Paulo: LTr, 1991.

OLIVEIRA, Francisco Antonio de. *Ação rescisória*: enfoques trabalhistas. São Paulo: Revista dos Tribunais, 1992*a*.

________. *A execução na Justiça do Trabalho*. 2. ed. São Paulo: Revista dos Tribunais, 1991*a*.

________. *Comentários aos enunciados do TST*. São Paulo: Revista dos Tribunais, 1991*b*.

________. *Medidas cautelares, procedimentos especiais, mandado de segurança, ação rescisória e ação anulatória no processo trabalhista*. 2. ed. São Paulo: Revista dos Tribunais, 1991*c*.

________. *Mandado de segurança e controle jurisdicional*. São Paulo: Revista dos Tribunais, 1992*b*.

________. *O processo na Justiça do Trabalho*. São Paulo: Revista dos Tribunais, 1990.

PASSOS, J. J. Calmon. *Comentários ao CPC*. 8. ed. Rio de Janeiro: Forense, 1998. v. 3.

PAULA, Carlos Alberto Reis de. *A especificidade do ônus da prova no processo do trabalho*. São Paulo: LTr, 2001.

PINTO, José Augusto Rodrigues. *Execução trabalhista*. 4. ed. São Paulo: LTr, 1991.

________. *Processo trabalhista de conhecimento*. São Paulo: LTr, 1991.

PONTES DE MIRANDA. *Comentários ao CPC*. Rio de Janeiro: Forense, 1976. t. XII.

RUSSOMANO, Mozart Victor. *Comentários à CLT*. 13. ed. Rio de Janeiro: Forense, 1990.

SAAD, Eduardo Gabriel. *Consolidação das Leis do Trabalho comentada*. 23. ed. São Paulo: LTr, 1990.

________. *Direito processual do trabalho*. São Paulo: LTr, 1994.

SANCHES, Sidney. *Denunciação da lide no direito processual civil brasileiro*. São Paulo: Revista dos Tribunais, 1984.

SANTOS, Moacyr Amaral. *Primeiras linhas de direito processual civil*. São Paulo: Saraiva, 1981; 1982, v. 2.

________. *Comentários ao CPC*. Rio de Janeiro: Forense, 1976.

SATTA, Salvatore. *Diritto processuale civile*. Padova: Cedam, 1954.

STÜRMER, Gilberto. *A exceção de pré-executividade nos processos civil e do trabalho*. Porto Alegre: Livraria do Advogado, 2001.

TEIXEIRA FILHO, Manoel Antonio. *Ação rescisória no processo do trabalho*. São Paulo: LTr, 1991*a*.

________. *A prova no processo do trabalho*. 5. ed. São Paulo: LTr, 1989*a*.

________. *As ações cautelares no processo do trabalho*. 2. ed. São Paulo: LTr, 1989*b*.

________. *Execução no processo do trabalho*. São Paulo: LTr, 1989c.

________. *Liquidação de sentença no processo do trabalho*. 3. ed. São Paulo: LTr, 1988.

________. *A sentença no processo do trabalho*. São Paulo: LTr, 1994.

________. *Litisconsórcio, assistência e intervenção de terceiros no processo do trabalho*. São Paulo: LTr, 1991*b*.

________. *Mandado de segurança na Justiça do Trabalho*. São Paulo: LTr, 1992.

________. Processo cautelar: singularidades e controvérsias. In: BERNARDES, Hugo Gueiros (Coord.). *Processo do trabalho*: estudos em homenagem a Coqueijo Costa. São Paulo: LTr, 1989*d*.

________. *Sistema dos recursos trabalhistas*. 3. ed. São Paulo: LTr, 1989*e*.

________. *As ações cautelares no processo do trabalho*. 2. ed. São Paulo: LTr, 1988*b*.

THEODORO Jr., Humberto. *Processo cautelar*. 16. ed. São Paulo: Leud, 1987; 1995.

TORNAGHI, Hélio. *Comentários ao CPC*. São Paulo: Revista dos Tribunais, 1976.

TRUEBA URBINA. *Nuevo derecho procesal del trabajo*. 3. ed. México: Porrúa, 1975.

TUCCI, Rogério Lauria. *Curso de direito processual civil*. São Paulo: Saraiva, 1989*a*.

TUCCI, Rogério Lauria; TUCCI, José Rogério Cruz e. *Constituição de 1988 e processo*. São Paulo: Saraiva, 1989*b*.

VILAR, Willard de Castro. *Medidas cautelares*. São Paulo: Revista dos Tribunais, 1971.

WATANABE, Kazuo. *Controle jurisdicional*. São Paulo: Revista dos Tribunais, 1980.